Editorial Bombolla

Disseny de Mobiliari
Apunts per a futurs dissenyadors

Guillem Ferran

Aquest i altres títols estan disponibles a
www.designmethodkit.com

Disseny de Mobiliari. Apunts per a futurs
dissenyadors és de Guillem Ferran©.
Disseny editorial: Josep Roman.
Portada: il·lustració de Tiago Majuelos.
Corecció: Cristina Riera Carro

Dipòsit Legal: B-1348-16 (02/2016/2781) 27/5/2016.
Editorial Bombolla. Associació Ariadna.
ISBN: 978-84-947571-2-9.
1a edició: Agost 2017, 2a edició: 2018,
3a edició: Agost 2020.

* Totes les imatges disposen del crèdit corresponent
i la seva referencia en la pàgina 103.

Índex

0.	Introducció	4
1.	**El sector**	6
	1.1. Organismes	9
	1.2. Experts	11
	1.3. Casos d'empreses	12
	1.4. Altres empreses	18
	1.5. Punts de venda	22
	1.6. Galeries	24
	1.7. Concursos	29
	1.8. Dissenyadors	32
	1.9. Fires	35
2.	**Disseny de mobiliari**	36
	2.1. Tipus de mobles	39
	2.2. Col·lecció, família, sistema i programa	46
	2.3. Espai privat i públic	56
	2.4. Espai urbà	57
	2.5. Públic objectiu	58
	2.6. Àmbit	59
	2.7. Marc legal	60
	2.8. Oportunitats del disseny	63
	2.9. Tendències	64
3.	**Dissenyar un moble**	65
	3.1. Innovació	66
	3.2. Anàlisi	68
	3.3. Brífing	70
	3.4. Conceptualitzar	72
	3.5. Formalitzar	74
	3.6. Experimentar	76
	3.7. Desenvolupar	78
	3.8. Contrastar	79
	3.9. Defensar	80
	3.10. Comunicar	87
	3.11. Presentar	92
4.	**Bibliografia**	94
5.	**Webgrafia**	95
6.	**Revistes especialitzades**	96
	6.2. Publicacions en línia	97
	6.3. Altres publicacions	98
7.	**Glossari**	99
8.	**Figures i imatges**	103
9.	**Annexos**	104

0. Introducció al Disseny de Mobiliari

El disseny de mobiliari és reconegut històricament pels arquitectes, enginyers i artistes que han monopolitzat i il·lustrat l'imatge del dissenyador professional.

La cadira ha estat el máxim referent de la iconografia pública del disseny com a projecció social. Tot i la important aportació de l'ebanisteria i els tallers de fusteria a la disciplina, l'evolució del mobiliari va lligada a l'evolució dels processos tecnològics i de la societat. Actualment existeixen empreses de mobiliari que cotitzen a borsa i que tenen aeroports dins de les seves fàbriques.

El disseny com a activitat professional ha anat modificant-se paral·lelament als canvis tecnològics, organitzatius, socioculturals... I ha anat estructurant camps d'actuació cada vegada més concrets i específics, tot i que sembla que fa molt de temps que van aparèixer els dissenyadors que es projectaven com un professional polivalent, capaç d'afrontar qualsevol encàrrec, fossin com fossin les característiques, n'és un clar exemple com Peter Behrens. Actualment, el dissenyador no pot sobreviure de la realització d'un sol moble, sinó que ha de ser capaç de treballar per a diferents empreses, de desenvolupar una col·lecció, de controlar la seva fotografia i com aquesta es disposarà en un catàleg i quins seran els millors llocs on presentar-la.

Peter Behrens amb AEG mai tingué una nòmina, però era consultor artístic, que actualment s'anomena *director creatiu*. Pels dissenyadors de moda és més normal aquesta situació, com Nicolas Ghesquière per Louis Vuitton, Demna Gvasalia per Balenciaga, Pierpaolo Picciolo per Valentino, Mariagrazia Chiuri per Dior, Riccardo Tisci per Givenchy, Alessandro Michele per Gucci, Jonathan Anderson per Loewe... En el cas dels dissenyadors de mobiliari, també se'n troben exemples, com en el cas de Ramon Ubeda amb BD Barcelona, Joan Gaspar amb Marset, Lievore Alther Molina amb Arper i Andreu World. Aquest fenomen també es produeix en l'àmbit de l'interiorisme com Antoni Arola amb Veritas, Lázaro Rosa Violán amb Desigual i Francesc Rifé amb Roca o CaixaBank.

No es viu d'un sol tipus de disseny especialitzat, sinó d'uns clients i el dissenyador intenta satisfer al màxim les seves carències, però són els clients els qui busquen un disseny especialitzat. No es tracta de solucionar un problema, com un disseny aïllat d'una cadira, sinó de crear un plantejament d'univers de marca que pugui agafar una empresa petita i ubicar-la o situar-la en un context superior.

És difícil viure del disseny de mobiliari, ja que és un sector en el qual existeixen moltes empreses fabricants de mobiliari, però aquestes viuen en l'anonimat i estan sotmeses a les disciplines competitives de mercat, ofegades pels preus de la competència i intentant trobar rendiment a la seva infraestructura. Existeixen molt poques empreses que tinguin una estructura centrada en el disseny amb la possibilitat d'integrar dissenyadors i sobretot dissenyadors joves.

El estudis que realitzen disseny de mobiliari treballen en projectes:

— Peces i col·leccions per empreses de disseny del sector. Es dissenya peces independents o col·leccions i famílies senceres com el Premi Nacional Mario Ruiz o l'estudi jove Yonoh, on treballen per projectes o per royaltis.

— Autoedició. Produir i comercialitzar productes propis. Una acció ja existent en empreses modernes com BD Barcelona o Santa y Cole amb exemples més actuals com Indoors, AOO, Omellete, Gofi, Crufurniture, Toru...

— Direcció creativa. Oferir serveis interdisciplinaris, realitzar projectes integrals que van des del producte al disseny de catàleg, la web i la seva comunicació o presentació com Odosdesign amb Federico Giner.

— Projectes d'interiorisme o arquitectura. Alguns dissenyadors aprofiten el disseny d'interiors o d'espais per col·locar mobiliari propi, com per exemple Francesc Rifé o Stonedesigns.

1. El sector

Espanya ha esta un país important de producció de mobles, així i tot, les empreses més importants del món es troben a Estats Units, concretament a Michigan: Steelcase, Herman Miller o Haworth.

El sector del disseny a Catalunya inclou un total de 3.783 empreses de serveis de disseny i autònoms i factura uns 50 milions d'euros, i representa el 0,5 % del PIB de Catalunya segons el mapa del sector Disseny a Catalunya, realitzat pel BCD (2015).

Segons l'estudi estratègic de *El Diseño en España* editat per la *"Federación Española de Entidades de Promoción de Diseño"*, el disseny de mobiliari és el sector en què es dedica el 54 % dels dissenyadors que estan en actiu, seguit del d'il·luminació amb un 25 %. Segons l'estudi del BCD (2003) sobre l'oferta de serveis de disseny a Catalunya, el 66 % treballa en el sector del mobiliari domèstic, mentre que un 49 % en el mobiliari d'oficina i col·lectivitats.

El disseny de mobiliari és el sector en què es dedica el 54 % dels dissenyadors que estan en actiu

Segons *l'Informe anual sobre la indústria a Catalunya*, realitzat pel Departament d'Empresa i Ocupació de la Generalitat de Catalunya (2013), el sector de la fusta i el moble català presenta una estructura molt atomitzada amb 2.400 empreses amb un volum de negoci de 1.606 milions d'euros, que representa el 15 % de l'Estat Espanyol i una ocupació de 15.223 persones. Cal considerar la indústria del moble respecte la indústria del moble de disseny no com una exclusivitat, sinó com un element diferenciador.

En aquest sector destaquen les branques de la producció de mobles de fusta per a dormitoris, menjadors i sales d'estar (10,3 %) i la fabricació de mobles metàl·lics no classificats en altres apartats (12,5 %).

Pel que fa a la distribució territorial del subsector de la fusta, les empreses es concentren, sobretot, a les comarques del Berguedà i Osona. Destaquen empreses de més de 100 treballadors com Alberch o Serradora Boix, però la resta són de dimensió molt més reduïda. El grau de concentració és mitjà en relació amb altres sectors manufacturers (els cinc establiments més grans concentren el 10 % de l'ocupació i el 18 % del volum de negoci).

En quant al subsector del moble, geogràficament parlant, l'activitat està molt concentrada a les comarques del Montsià, on destaca el municipi de la Sénia, i al Vallès Oriental, on destaca la Garriga, considerada clúster del mobiliari a Catalunya. Arriben a unes dimensions més grans que al subsector de la fusta.

Destaquen les catalanes Ros-1, Fainsa, Figueras International Seating, Resinas Olot, Carré Furniture i Kettal; destaca també Alvic, amb seu a Jaén però amb fàbrica a Vic. El subsector del moble presenta també una concentració mitjana. Tanmateix, la destrucció dels productors més petits, tant en el sector de la fusta com en el del moble, ha fet que la concentració hagi augmentat.

Per la seva banda, la indústria de la fabricació per encàrrec està integrada per més d'un miler de tallers de dimensions molt reduïdes, que es troben dispersos per tot el territori català i s'especialitzen en fabricació artesana.

La indústria s'ha concentrat en diferents punts de producció, en zones com València, Iecla a Múrcia i a Catalunya a les Garrigues, Sant Hilari Sacalm, la Sénia... La indústria del moble de disseny ha aconseguit trobar els seus propis canals de distribució i promoció.

Pel que fa a la indústria del moble, aquesta s'ha vist reduïda durant la crisi. El tancament d'empreses, botigues i grans distribuïdors, el tancament de la Garriga Verda o el documental de Sense ficció de TV3 *La Sénia, el paradís perdut* mostren les transformacions i canvis que ha viscut el sector.

La Garriga Verda va ser una cadena de botigues de mobiliari i complements que va existir a Barcelona des de finals de la dècada de 1970 fins al 2008. Tanmateix, durant la dècada de 1980 van actualitzar la seva imatge. Va sorgir amb força durant el 2000, es van constituir en SL facturant fins a 3 milions d'euros, el 2002 van encarregar una nova imatge a Pati Núñez. Disposaven de diferents espais comercials que distribuïen el moble de les Garrigues. Entre aquests espais convé destacar l'espai obert el 2007 a l'avinguda Diagonal de 600 m^2 dissenyat per Pepe Cortés Associats i Nacho Umbert. Lamentablement el 2013 van tancar la seva activitat.

Cal destacar l'ajuda estatal i d'agrupació dins del mateix sector i les iniciatives com el SIDI. Des de 1984, aquest va treballar com una plataforma de promoció del disseny espanyol en l'àmbit internacional, afavorint el diàleg entre els agents que intervenien en el procés de disseny. També promocionava el disseny, per exemple el 2010 va fer una de les últimes accions a la Fira de Milà mitjançant la participació de deu de les seves empreses associades.

Una altra iniciativa va ser el DDI, és a dir, la fundació de la Sociedad Estatal para el Desarrollo del Diseño y la Innovación, que pertany al **Ministeri d'Indústria, Turisme i Comerç** i realitza accions per fomentar el disseny en l'àmbit cultural, social i econòmic. Va ser important fins el 2010, que es va integrar a ENISA -una societat mercantil estatal dependent del **Ministeri de Economia, Indústria i Competitivitat**-.

Per altra banda, l'Icex (Instituto Español de Comercio Exterior) ha realitzat tot tipus de projectes de promoció: projectes com Hola Design Spain (2016), *www.holadesignspain.com/*; publicacions com la revista *Design in/from Spain,* ICEX España Exportación e Inversiones o la revista *Spanish* (nº1-35) o el portal *Interiors from Spain*, una Iniciativa d'ICEX per a promocionar els productes espanyols d'hàbitat i interiorisme: mobiliari, il·luminació, tèxtil, hàbitat, rajola, cuina, bany i accessoris de decoració. *www.interiorsfromspain.com*

Des de 2009 i per iniciativa de vuit empreses líders del sector hàbitat, RED-AEDE, l'Asociación de Empresas de Diseño Español, va agafar el relleu i va succeir a RED, la Reunión de Empresas de Diseño, fundada el 1993. L'any 2017 la formaven 45 marques espanyoles i està disponible a *www.red-aede.es.*

Més recentment, al 2019 es va fundar DIOS *Design Institute Of Spain www.designinstitute.es.*

A Espanya hi ha una bona riquesa associativa de l'àmbit de disseny, ho demostren les trobades de la READ "Red Española de Asociaciones de Diseño", en la qual hi ha associacions de dissenyadors a les principals ciutats i comunitats autònomes, associacions que compten amb més de 50 anys d'història i que acaben competint pels mateixos socis.

A Catalunya, l'ADI FAD, l'Associació de Disseny Industrial del Foment de les Arts i el Disseny, organitza els premis Delta des de 1961 i les Medalles ADI des de 1976, uns premis amb el criteri d'un jurat que dona riquesa i propostes molt variades.

La falta d'empreses de disseny obliga als dissenyadors a buscar-se el seu posicionament dins d'un mateix nombre de marques o inventar-se col·laboracions amb empreses noves, que volen apostar per la innovació i el disseny o inventar-se amb editores pròpies.

En les últimes edicions dels *design markets* podem veure aquest creixement. El Festivalet (*www.festivalet.org/*), El Design Market del FAD (*www.designmarket.barcelona/*) o Palo Alto Market (*www.paloaltomarket.com/en*) mostren un augment de l'autoedició, on dissenyadors amb afany de lucre creen les seves pròpies marques per donar sortida a les seves idees i demostren la comercialitat de les seves aportacions, denoten un control de la direcció artística i fant evident el control de la seva pròpia proposta. Un fenomen semblant està passant en l'àmbit de les revistes, en el qual els dissenyadors gràfics editen les seves pròpies revistes com *El Dorado* o *Odisseo* de Folch Studio (*www.folchstudio.com*), *Andromina* d'Albert Romagosa (*www.albertromagosa.com*) o el projecte *Supermarché* d'Affaire (*www.affaireprojects.com*).

També institucions públiques com el BCD, centre de promoció i difusió, dinamitzen el Clúster Disseny, aquest suma 157 membres entre empreses i acadèmia que facturen 1.766 milions euros, el 0,82 % del PIB de Catalunya.

Cal destacar també que hi ha institucions com l'agencia Acció 10 que realitzen accions d'internacionalització per tal d'ajudar a petites i mitjanes empreses del sector. També convé destacar les missions empresarials amb el BCD que ajuden a empreses catalanes a anar a Nova York i Dubai. En l'última edició de Design Dubai, es va muntar un estand amb propostes de Xavier Mañosa (*www.apparatu.com*), Andreu Carulla (*www.crufurniture.com*) i Jordi Ribaudi (*www.toru.barcelona*). Demostren aquesta intenció de crear-se les seves pròpies editores per donar sortida al seu propi producte.

1.1. Organismes

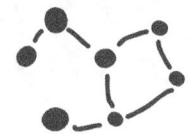

A continuació es mostren alguns agents de foment i divulgació de disseny de producte i mobiliari a nivell nacional i internacional.

CENTRES DE DISSENY

— ENISA www.enisa.es/
— BCD www.bcd.es/
— Agència Vasca www.innobasque.eus/

ASSOCIACIONS

— BEDA www.beda.org/
— READ www.designread.es/
— ADI FAD (Bcn) www.fad.cat/
— DIMAD (Madrid) www.dimad.org/
— AAD (Andalusia) www.aad-andalucia.org/
— ADCV (València) www.adcv.com/
— EIDE (País Basc) www.eideweb.org/
— AGA (Astúries) www.aga-asturias.org/
— Cuenca Diseño www.cuencadiseno.com/
— DAG (Galícia) www.asociaciondag.org/
— DIEX (Extremadura) www.diex.es/
— DIP (Múrcia) www.dipmurcia.es/
— DIS (Sòria) www.disoria.com/
— AMIC (BCN) www.amicmoble.org/

CENTRE TECNOLÒGICS

— CENFIM. (Centre de Difusió Tecnològica de la Fusta i el Moble de Catalunya). La Sénia. Tarragona www.cenfim.org/

— CETEM (Centro Tecnológico del Mueble y la Madera). Iecla www.cetem.es/

— SURGENIA. Córdoba www.surgenia.es/

— CITMA (Centro de la madera y el mueble, Andalusia). Instituto Andaluz de Tecnología (IAT) www.iat.es/

ORGANISMES INTERNACIONALS

— ADI. Associazione per il Disegno Industriale www.adi-design.org (Itàlia)

— American Society of furniture designers www.asfd.com/ (EUA)

— Australian Furniture www.australianfurniture.org.au/

— BIFMA. Association for Business and Institutional Furniturem Manufacturers (EUA) www.bifma.org/

— British Council (Regne Unit) www.designcouncil.org.uk

— Dutch Design Foundation (Holanda) www.dutchdesignfoundation.com/

— Furnishings Association (EUA) www.ifda.com/

— IIDA (EUA) www.iida.org/

— Singapore Furniture Industries Council www.singaporefurniture.com/

— The Furniture Society (EUA) www.furnsoc.org/

— Valorisation de l'Innovation dans l'Ameublement (França) www.via.fr/

CENTRES EDUCATIUS

Són nombroses les escoles de disseny de producte que formen alumnes que fan projectes de mobiliari.

Concretament a Espanya hi ha 31 centres:

— 19 centres on es pot estudiar ensenyaments artístics en Disseny de Producte.

— 12 centres universitaris on estudiar educació universitària en Disseny.

Anomenar també els 21 centres que realitzen Enginyeria Tècnica en Disseny industrial i en alguns casos treballen el Disseny de Mobiliari.

A Catalunya es concentren 8 centres: Esdap Llotja, LCI i IED. L'Escola Massana, Eina, Elisava, ESDI i la UB.

Convé destacar els estudis d'especialització o màster en aquest àmbit:

— Elisava. Màster en Disseny de Mobiliari, títol propi expedit per la Universitat Pompeu Fabra.

— IED Madrid. Curs de postgrau de Disseny de Mobiliari.

— CEU. València. Màster universitari en Disseny de Producte, dirigit per Luis Calabuig i Sara Barquero.

— Centre de Formació de l'Escuela de la Madera del SAE (Técnico superior en Desarrollo de Producto en Carpintería y Mueble).

Pel que fa a ensenyaments tècnics existeix el cicle formatiu de grau superior en Disseny i Moblament i cicle formatiu de grau superior en Desenvolupament de Productes en Fusteria i Moble a l'Institut Escola Industrial de Sabadell (*www.escolaindustrial.org*).

El cicle formatiu de grau mitjà de Fusteria i Moble a l'Institut Escola del Treball (*www.escoladeltreball.org*).

El títol de tècnic o tècnica superior d'Arts Plàstiques i Disseny en Moblament del grau superior d'Arts Plàstiques i Disseny en Moblament, en Arquitectura Efímera, en Aparadorisme, en Elements de Jardí i en Projectes i Direcció d'Obres de Decoració, de la família professional de Disseny d'Interiors (DOGC. nº 2674, de 6/7/1998. pot estudiar-se a EASD Deià (*www.deiadisseny.cat/ct/*).

El títol de tècnic o tècnica superior d'Arts Plàstiques i Disseny en Mobiliari, del decret 285/1997, de 31 d'octubre, pel qual s'estableix el currículum dels cicles de formació específica de grau superior d'Arts Plàstiques i Disseny de Modelisme i Maquetisme, Modelisme Industrial i Mobiliari, de la família professional de Disseny Industrial (DOGC núm. 2519, de 17/11/1997 es pot realitzar a EA de Terrassa (*www.artidisseny.com*) o a Llotja.

1.2. Expert@s

És difícil fer una selecció d'experts, es tracta de veure els directors d'empreses, els dissenyadors i coordinadors de màsters en mobiliari o els que fan o han fet publicacions específiques sobre el tema.

INTERNACIONALS

Adrien Rovero	www.adrienrovero.com/
Alberto Meda	www.albertomeda.com/en
Big Game	www.big-game.ch/
Camille Blin	www.camilleblin.com/
Cecilie Manz	www.ceciliemanz.com/
Constance Guisset	www.constanceguisset.com/
Hella Jungerious	www.jongeriuslab.com/
Ilse Crawfors	www.studioilse.com/
Inga Sempé	www.ingasempe.fr/
Jasper Morrison	www.jaspermorrison.com/
Jonathan Olivares	www.jonathanolivares.com/
Job Smeets	www.studiojob.be/
Kenya Hara	www.ndc.co.jp/hara/en/
Luca Nichetto	www.nichettostudio.com/
Marjan van Aubel	www.marjanvanaubel.com/
M. Engman (Ikea)	www.ikea.today/
Naoto Fukasawa	www.naotofukasawa.com/
Nicolas Le Moigne	www.nicolaslemoigne.ch/en/
Note Design Studio	www.notedesignstudio.se/
Piet hein Eek	www.pietheineek.nl/
Patricia Urquiola	www.patriciaurquiola.com/
Ronan Bouroullec	www.bouroullec.com/
Stéphane Halmaï	www.rita-studio.ca/
Tom Dixon	www.tomdixon.net/
Tomás Alonso	www.tomas-alonso.com/
Tomas Kral	www.tomaskral.ch/
Vincent van duysen	www.vincentvanduysen.com/
Wieki Somers	www.wiekisomers.com/

NACIONALS

Jeanette Altherr	www.lievorealtherr.com/
Borja Garcia	www.madearchitects.com/
Carles Riart	www.carlesriartbcn.com/
Cutu Mazuelos	www.stone-dsgns.com/
Eugeni Quitllet	www.eugeniquitllet.com/
Gabriel Teixidó	www.gabrielteixido.com/
Gerard Santamartí	www.lagranjadesign.com/
Jaime Hayon	www.hayonstudio.com/
JMª Tremoleda	www.mobles114.com/
Joan Gaspar	www.joangaspar.com/
Jorge Pensi	www.pensiestudio.com/
Manel Molina	www.manelmolina.com/
Martín Azua	www.martinazua.com/
Miguel A. Carretero	www.joquer.com/
Nani Marquina	www.nanimaquina.com/
Paco Garcia	www.culdesac.es/
Pau Borras	www.figuerasdg.com/
Ramos Bassols	www.ramos-bassols.com/
Ricard Ferrer	www.ferrerbcn.com/
Rosario Hurtado	www.eugstudio.com/
Luis Calabuig	www.odosdesign.com/
Ciszak Dalmas	www.ciszakdalmas.com/
Roger Ferrer	www.icosmic.com/
Sergio Chismol	www.andreuworld.com/
Vicent Martínez	www.puntmobles.com/
Victor Carrasco	www.victorcarrasco.com/
Ximo Roca	www.ximoroca.net/
Yonoh Studio	www.yonoh.es/

1.3. Casos d'empreses

Al llarg de la història trobem exemples d'empreses que han apostat pel disseny i han marcat una tendència, una línia clara o una definició del terme *disseny* com a inversió. No van ser tan sols les empreses, sinó els noms dels fundadors, de les famílies, dels directors d'art, dels creatius dels departament de disseny o dissenyadors externs que s'han encarregat de definir aquesta sensibilitat i viabilitat i crear les estratègies de l'empresa enfocades al disseny.

Conèixer aquestes històries ens ajuda a entendre quines són les decisions que els van permetre aconseguir l'èxit, ser líders o simplement sobreviure durant un temps.

THONET

Fundada per Michael Thonet (1796-1871) a Boppard del Rin com a un taller de fusteria. Al príncep de Metternich, canceller d'Estat de la monarquia austrohongaresa, li van agradar els seus mobles i el 1842 el va portar a Viena. Allà va fundar una nova empresa juntament amb seus fills el 1849. En aquell país, Thonet va tenir un paper decisiu, entre altres coses, en l'equipament del palau Liechtenstein i del palau Schwarzenberg. El 1850, Anna Daum va moblar la seva cafeteria de Viena amb la cadira núm.º 4. Els seus innovadors mètodes de producció i distribució, així com el seu ampli assortiment de cadires, taules, butaques, divans, penjadors, etc. van fer que l'empresa experimentés un creixement vertiginós i que fos coneguda arreu del món. Des de 1889 produeix en set fàbriques amb seu a la República Txeca, Hongria, Rússia i Frankenberg (Alemanya). Actualment conviuen tres empreses:

— L'empresa americana CFGroup (*www.thonet.com*) en té l'explotació als Estats Units, després que el 1987 Shelby Williams va comprar la marca Thoner Industries USA Thonet (*www.thonet.de/startseite.html*).

— El negoci a Àustria va canviar el 1976 a Gebrüder Thonet Vienna GmbH (*www.gebruederthonetvienna.com/en/*).

— El responsable d'una fàbrica oberta el 1861 a Bystice pod Hostýnem és avui Ton (*www.ton.eu/en/*).

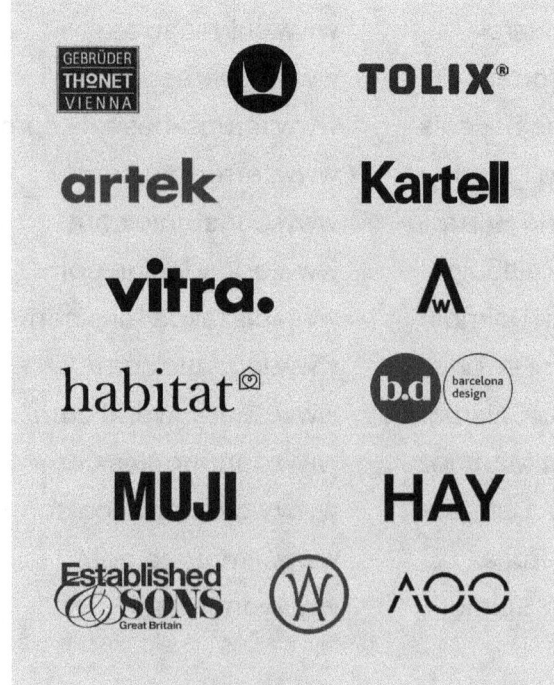

HERMAN MILLER

Es va fundar a Zeeland, Michigan, Estats Units, el 1905 com Star Furniture Co. Més tard es va passar a anomenar Michigan Star Furniture Co, dirigida per Dirk Jan De Pree, que va ser comprada pel seu sogre Herman Miller el 1923, passant-se a anomenar així Herman Miller Furniture Company i el 1960 es va transformar en Herman Miller, Inc. Estava especialitzada en mobiliari de fusta tradicional i van ser notables les seves aportacions en disseny, amb la figura del director de disseny, George Nelson i, més endavant, amb l'inventor del cubicle office furniture system, Robert Props.
Actualment, l'empresa ha crescut tant, que cotitza a borsa amb el símbol MLHR.
Font: *www.hermanmiller.com*

TOLIX

Es va fundar el 1927, quan es va registrar la marca comercial TOLIX com a «producció de cadires, butaques, tamborets i mobles de metall». Tot el mèrit va ser de Xavier Pauchard (1880-1948), un pioner de la galvanització a França. Poc després de la Primera Guerra Mundial, amb seu a Autun, Borgonya, es va trobar un empresari visionari i creatiu a càrrec d'una empresa de fabricació d'articles de xapa galvanitzada de caràcter domèstic. Els diferents models (resistents a la corrosió, robusts i apilables) concebuts per Xavier Pauchard van trobar el seu lloc directament dins de les fàbriques, oficines i hospitals, així com fora, en terrasses dels cafès i en els parcs públics. La cadira model A s'ha convertit en una icona de l'estètica industrial. La seva popularitat es remunta a l'any 1934, quan va entrar a la col·lecció del Vitra Design Museum, el MOMA i el Centre Pompidou.

Aquesta cadira mítica, feta de xapa metàl·lica és «sòlida a prova de cops, és lleugera i de fàcil manteniment» amb l'avantatge que és «barata». S'utilitzava des de les embarcacions de Normandia fins als passadissos de l'exposició universal de 1937. Per ajudar a la direcció artística, Chantal Andriot va triar els dissenyadors Jean-François i Dingjian Eloi Chafaï de Normal Studio. D'altra banda, és amb la legitimitat real que Tolix va rebre l'etiqueta *Entreprise du patrimoine vivant* concedit pel Ministeri d'Economia, Finances i Indústria, l'any 2006. La producció del nou catàleg 2010 coincideix amb el llançament de la gamma de nens dibuixada per Normal Studio i les peces de Patrick Norguet, Sébastien Cordoleani i Franck Fontana.
Font: *www.tolix.fr/en*

ARTEK

Es va fundar el 1935 per l'arquitecte Alvar Aalto i la seva dona Aino, la promotora d'art Maire Gullichsen i l'historiador Nils-Gustav Hahl. L'empresa se centra en el mobiliari de fusta dissenyat per Aalto, incloent-hi la Butaca 41 creada pel Paimio Sanatorium que va completar el 1932 i el tamboret Stool 60, la peça més copiada des de la seva producció el 1933. La marca va ampliar-se amb la compra dels drets dels mobles de Ilmari Tapiovaara. En els últims anys, la marca ha col·laborat amb Shigeru Ban i Naoto Fukasawa. L'any 1992, Vitra va comprar al Grup Proventus aquesta marca.
Font: *www.artek.fi*

KARTELL

Es va fundar el 1949 a Noviglio, Itàlia, per Giulio Castelli, un enginyer químic que va començar la seva pròpia activitat realitzant productes amb plàstic. La contribució de la invenció l'any 1954 del polipropilè, pel professor Natta juntament amb les col·laboracions de dissenyadors des dels seus inicis, va esdevenir una marca pionera en l'obtenció de reconeixements i el *Premio Compasso d'Oro* del 1955, 1957 i 1959 (Gino Colombini), les col·laboracions durant els anys setanta amb Gae Aulenti, Ettore Sottsass, Marco Zanuso i Richard Sapper i en els anys noranta amb Antonio Citterio, Ron Arad, Vico Magistretti, Philippe Starck, Piero Lissoni i en els anys dos mil amb Philippe Starch, Patricia Urquola. Van crear una marca capdavantera amb peces de mobiliari explotant les característiques del material, aprofitant la transparència del plàstic: Ghost de Starck o la flexibilitat, Bookworm de Ron Arad o les limitacions dimensionals com Uncle Jack, sofà del Philippe Starck.
Font: *www.kartell.com*

VITRA

Es va fundar el 1950 a Weil am Rhein a Alemanya, una empresa d'una família suïssa: Willi i Erika Fehlbaum. Uns anys després de la seva fundació va adquirir els drets dels dissenys de Charles i Ray Eames i George Nelson. La línia de productes Vitra consisteix en mobles de disseny per a usar-los en oficines, habitatges i espais públics. A part dels dissenys propis de l'empresa, Vitra també fabricava i distribuïa les obres de reconeguts dissenyadors clàssics com Verner Panton, Antonio Citterio, Philippe Starck, Sipek Borek, Mario Bellini, Glen Oliver Löw, Thiel Dieter, Jasper Morrison, Alberto Meda, Ron Arad, Maarten Van Severen i Jean Prouvé. Destaca el seu museu Vitra Design Museum i Vitra Campus a Basilea juntament amb les seves publicacions *Workspirit* sobre la cultura de l'oficina i el futur dels espais de treball. Font: *www.vitra.com*

ANDREU WORLD

La va fundar el 1955 per Francisco Andreu Martí, que amb 17 anys, va decidir recollir el testimoni i l'experiència de la seva família en el treball amb fusta. Del primer disseny va néixer el model 72 (1957) que evocava el disseny nòrdic en els anys cinquanta, anomenant-se "Curvados Andreu". En la dècada dels seixanta es van obrir les portes a les primeres accions de promoció i comunicació de les cadires i els dissenys. El 1967 es va buscar una serradora de Navarra per abastir la fàbrica de València, que es va anomenar Andreu Nord. L'any 1980 la mateixa vocació internacional de Francisco Andreu el va portar a crear una nova empresa per a l'exportació que es va anomenar Andreu World amb la finalitat d'oferir disseny a tot el món. Mario Esquenazi va dissenyar-ne la gràfica. El 1987 van confinar el model Andrea al Premi Nacional Josep Lluscà. El 1991 va néixer el model RDL, dissenyat per Alberto Lievore. En els anys noranta, van començar les col·laboracions amb dissenyadors com Josep Lluscà, Alberto Lievore, Jorge Pensi, Nancy Robbins, Pedro Miralles, Quod, Bernal e Isern o Ximo Roca entre d'altres i així van consolidar una oferta global de productes pel mercat internacional. El 1997 van obrir un *showroom* a València. El 2001 van iniciar el concurs internacional Andreu World. El 2006 van crear la cadira Smile de Lievore Altherr Molina. El 2007 van obrir un *showroom* a Chicago i van obtenir el Premi Nacional de Disseny.
Font: *www.andreuworld.com*

HABITAT

La va fundar el 1964 Sir Terence Conran, a Londres, com a forma europea de comprar per a la casa contemporània. Era disseny britànic, ara francès. Conran comenta que el motiu del seu èxit van ser uns pots de pasta quan aquesta va arribar al Regne Unit. Tenien tot tipus de productes curiosos com cistelles teixides i sistemes de mobiliari, i això els va permetre creaer crear el seu primer catàleg imprès el 1966 amb il·lustracions de Juliet Glynn Smith. El 1966, van facilitar-ne la compra per correus. El 1982 la va adquirir Mothercare Group, es va fusionar amb British Home Stores per formar Storehouse, Plc. Després la va comprar Ikano el 1992, (*www.ikanogroup.com/*) de la família Kamprad, que portava Ikea. Des de 1998 fins a 2008, Tom Dixon va ser-ne el director creatiu, qui és va queixar que l'empresa estava en mans de comptables i no de creatius. Va deixar la direcció a Polly Dickens, responsable de la Conran Shop, fundada per Terence Conran el 1974. Habitat es va convertir el 2011 en el Grup Habitat Design International, va traslladar la seva seu a París on el 1973 va obrir la seva primera botiga. Aquests últims anys ha creat la plataforma per a impulsar nous dissenys (*www.habitat.co.uk/platform*). Comercialitza béns d'equipament i decoració per a la casa que són tan funcionals com de disseny. Amb l'impuls d'un nou accionista, el grup busca dinamitzar la seva política de creativitat i innovació i reforçar la seva missió creadora de tendències en l'univers de la decoració. Habitat es troba present a França i Mònaco amb 26 botigues pròpies, a París a les principals capitals regionals, a Espanya amb 5 botigues i 5 també a Alemanya. La presència a Europa està garantida per una xarxa de franquícies. Habitat Design International és propietat del grup francès Cafom, un grup independent del sector de venda massiva especialitzada en condicionament per a la llar. Cafom compta amb un lideratge en mercats regionals i ha Desplegat la seva activitat a Internet per mitjà de dues pàfines web de venda: *venteunique.com*, especialitzada en la venda de sofàs, i *diamantunique.com*, especialitzada en la venda de joies. Font: *www.habitat.net*

BD BARCELONA

És una editora espanyola de mobles d'autor fundada el 1972 com a Bocaccio Design pels arquitectes i dissenyadors Pep Bonet, Cristian Cirici, Lluís Clotet, Mireia Riera i Òscar Tusquets al costat d'Oriol Regàs, com a vehicle de producció de totes aquelles peces de mobiliari, objectes i complements que no existien en les botigues. En el catàleg tenen creacions d'autors com Álvaro Siza Viera, Ettore Sottsass, Javier Mariscal, Alessandro Mendini, Konstantin Grcic, Jaime Hayón, Ross Lovegrove o Alfredo Häberli i comparteixen espai amb artistes com Antoni Gaudí, Salvador Dalí, Charles Rennie Mackinstosh o Giuseppe Terragni.

MUJI.

Fundada per Ryohin Keikaku Co. Ltd a el Japó, el 1979, és una empresa de productes de consum. Des dels inicis va donar molta importància al disseny, però d'una forma anònima mantenen la intimitat i privacitat dels seus dissenyadors. Tot i així algunes figures com Naoto Fukasawa i Jasper Morrison han fet pública la seva col·laboració amb la marca i també ho han fet els directors artístics Ikko Tanaka fins al 2001 i desprès Kenya Hara. En l'actualitat, Sam Hecht és director creatiu de Muji Europa i fomenta el disseny de productes i mobles. Compta amb 284 botigues a Japó i 303 repartides pel món.
Font: *www.ryohin-keikaku.jp/eng/corporate/history*

HAY

És disseny danès. Fundada originàriament el 2002 per Mette i Rolf Hay. Rolf Hay va aprendre de Peter Biehl, distribuïdor de la marca de mobles de disseny Montana, i va treballar en les companyies de disseny Gubi i Paustian de Copenhaguen. Durant aquest temps, Rolf Hay va tenir la sort de conèixer un client molt especial, qui li va fer l'encàrrec de decorar casa seva. El client era Troels Holch Povlsen, empresari danès, fundador de la cadena de roba Bestseller (*www.bestseller.com*), Rolf i Mette van llençar a la fira IMM de Colònia una sèrie de propostes de Hay. Una creixent demanda de mobiliari en les oficines de Bestseller, combinada amb el coneixement de Troels i la seva passió pels mobles antics, el talent i la dedicació de Mette i Rolf va fomentar una nova àrea de negoci. Actualment s'anomena Nine United Denmark (*www.nineunited.com/*). El 2003, la primera botiga va obrir en HAY Pilestræde, Copenhaguen, la segona a Oestergade 61, anomenada the Hay House. Des de 2005 col·laboren amb dissenyadors, com Stefan Diez, Bertjan Pot, Daniel i Emma, Louise Campbell, Hee Wellig, Ronan i Erwan Bouroullec, Thomas Bentzen, entre d'altres. Convé destacar el projecte amb els germans Bouroullec el 2012, en el qual van realitzar les cadires de la universitat de Copenhagen (KUA) que va donar visibilitat i prestigi a la marca. El 2014 van realitzar un concurs i van rebre més de 700 propostes. HAY dissenya i manufactura mobiliari contemporani, accessoris i catifes. L'ambició de HAY resideix en fomentar el retorn al disseny de mobles danès de la innovadora grandesa dels anys 50 i 60 però en un context contemporani. Vol mirar enrere amb orgull a l'edat del disseny modern danès, enla qual la qualitat, l'artesania i el disseny humanista van posar Dinamarca en el mapa mundial amb una opinió clara de la funcionalitat i bellesa. Els preus assequibles i de qualitat des del principi significa que cada peça de mobiliari està disponible per a tothom i feta per a perdurar. El que va començar com a mobiliari d'oficina a Dinamarca és ara una marca de disseny internacional. Avui, HAY opera amb botigues de marca a Dinamarca, Noruega, Bèlgica, Regne Unit i Alemanya, i els seus productes estan disponibles a través d'una àmplia xarxa de distribuïdors a tot el món. En el London Design Festival de 2013 es van presentar sota la direcció creativa de Sebastian Wrong (*www.wrongforhay.com*). Actualment pertany a HM.
Font: *www.hay.dk*

ESTABLISHED AND SONS

És una marca britànica de mobiliari fundada per Angad Paul, Mark Holmes (Wallpaper), Alasdhair Willis, Tamara Caspersz i Sebastian Wrong el 2005. Caspersz i Holmes van abandonar l'empresa el 2008 per fundar la seva empresa Minimalux (*www.minimalux.com*). El 2012 Wrong va renunciar com a director artístic i el 2015 va morir Angad Paul. El 2016 la marca va passar a formar part del grup Vincent Frey de Pierre Frey (*www.pierrefrey.com*), Patrick Mueller-Hermann i Ramzi Wakim. El 2017 Wrong va tornar a agafar la direcció artística de la marca. La marca s'ha centrat a representar la innovació i el disseny britànic més contemporani. Està focalitzada en oferir productes de dissenyadors de renom relacionats amb taules, cadires, emmagatzematge, accessoris i il·luminació i edicions limitades d'elevat preu però forta innovació conceptual.
Font: *www.establishedandsons.com*

STELLAR WORKS

És una marca de recent creació de mobiliari contemporani que crea col·leccions noves inspirant-se en l'estil tradicional i del saber fer artesanal. Fundada el 2012 per Yuichiro Hori com una forma de portar idees d'orient a occident, herència i modernitat, col·laboren amb un conjunt de dissenyadors de diferents nacionalitats, danesos, xinesos i australians, combinant amb fabricants artesanals tècnics xinesos, japonesos i francesos. La direcció creativa la porta Neri&Hu Design and Research Office, fundada a Shangai per Lyndon Neri i Rossana Hu (*www.neriandhu.com*). Col·laboren els danesos Space CPH de Signe Bindslev Henriksen i Peter Bundgaard Rützou (*www.spacecph.dk/*), el dissenyador australià Nic Graham (*www.nicgraham.com*), el japonès Shuwa Tei, OeO (*http://www.oeo.dk/*). Actualment s'ha unit a la marca francesa establerta el 1892 Laval.
Font: *www.stellarworks.com*

AOO.

Es va fundar el 2013 a Barcelona de la mà de Marc Morro i Oriol Villar amb la filosofia de produir objectes realitzats aquí (màxim a 80 km del mar), entre Barcelona, Mallorca, Lleida i València. A més, volien donar sentit a coses produïdes per ells mateixos, per artesans o per petits fabricants. Compten amb un catàleg de vuit referències, la majoria de peces són cadires, taules o tamborets: Tripo Hex, 3Mo, Toro, Lu II, Ata, Pepitu. Han deixat de comercialitzar: Pepe, Lu, Salvador, Pepi, Gres, Surt, Blanes. També col·laboren amb altres dissenyadors per fer algunes peces. La cadira Salvador és del Miquel Milà i el tamboret Bravo és de Big Game. Comercialitzen a través d'internet i al *showroom* ubicat a Barcelona.
Font: *www.aoobarcelona.com*

1.4. Altres empreses

A continuació es mostra algunes referències de marques de mobiliari internacionals i nacionals.

Es diferencien marques amb departaments de disseny propi i extern, tot i així, són nombroses les col·laboracions amb dissenyadors i solen tenir un departament de disseny propi, amb un director creatiu, i subcontracten alguns serveis de disseny.

També hi ha empreses nacionals que no tenen l'estratègia centrada en el disseny, amb menys col·laboració de dissenyadors, però potencials o sensibles de rebre propostes per part de dissenyadors.

Els principals fabricants de mobiliari tenen departaments de disseny propis, tot i així empreses com IKEA tenen el catàleg PS (*www.ikea.com/gb/en/collections/ikea-ps*) amb dissenyadors externs que surten referenciats en el seu catàleg.

BoConcept	www.boconcept.com/
Casa viva	www.casaviva.es/
Habitat	www.habitat.eu/
Hay	www.hay.dk/
H&M Home	www2.hm.com/es_es/home/
Haworth	www.haworth.com/
Ikea	www.ikea.com/
Maison du monde	www.maisonsdumonde.com/
Muji	www.muji.es/
Natura Casa	www.naturaselection.com/
Urban Outfitters	www.urbanoutfitters.com/furniture
Steelcase	www.steelcase.com
Zara Home	www.zarahome.com/

INTERNACIONALS

&Tradition	www.andtradition.com/
Agape	www.agapedesign.it/
Alias Design	www.alias.design/en/
Artek	www.artek.fi/
Bernhardt	www.bernhardtdesign.com
B&B Italia	www.bebitalia.com/
Bla Station	www.blastation.se/
Capellini	www.cappellini.it/
Carl Hansen	www.carlhansen.dk/
Cassina	www.cassina.com/
Classicon	www.classicon.com/
Cecotti Collection	www.ceccotticollezioni.it/
Dedon	www.dedon.de/
De Padova	www.depadova.com/
Established	www.establishedandsons.co
Emu	www.emu.it/
Edra	www.edra.com/
Feld	www.feld.be/
Fritz Hansen	www.fritzhansen.com/
Fornazetti	www.fornasetti.com/
Hem	www.hem.com/
Herman Miller	www.hermanmiller.com/
Horm	www.horm.it/
Kartell	www.kartell.com/es
Kkaarrlls	www.kkaarrlls.com/
Karimoku	www.karimoku.com/
Kristalia	www.kristalia.it/
La Palma	www.lapalma.it/
Ligne Roset	www.ligne-roset.com/de/
Magis	www.magisdesign.com/
Mattiazzi	www.mattiazzi.eu/
Molteni&C.	www.molteni.it/
Moooi	www.moooi.com/
Moroso	www.moroso.it/
Muuto	www.muuto.com/
Poliform	www.poliform.it/
Poltrona Frau	www.poltronafrau.com/en
Porro	www.porro.com/
Roche Bobois	www.roche-bobois.com/
Serralunga	www.serralunga.com/
Tog	www.togallcreatorstogether.com/
Thonet	www.thonet.com.au/
Vitra	www.vitra.com/es-es/
Zanotta	www.zanotta.it/
Wittmann	www.wittmann.at/en/

NACIONALS

Actiu	www.actiu.com/
Akaba	www.akaba.net/es-es/
Amat 3	www.amat-3.com/
Andreu World	www.andreuworld.com/
Bd	www.bdbarcelona.com
Calma	www.calma.cat/en/
Capdell	www.capdell.com/
Delica	www.delica.es/
Diabla	www.diablaoutdoor.com/
Enea	www.eneadesign.com/
Exportmim	www.expormim.es/
Gandiablasco	www.gandiablasco.com/
Gofi	www.gofi.es/
Indoors	www.indoors.es/
Joquer	www.joquer.com/
J. Martínez Medina	www.jmm.es/
Made Design	www.madedesign.es/
Martinez Otero	www.martinezotero.com/
Miras	www.miraseditions.com/
Mobles 114	www.mobles114.com/
Nani Marquina	www.nanimarquina.com/
Obvious	www.obviousbcn.com/
Ofita	www.ofita.com/
Omelette	www.omelette-ed.com/
Paco Capdell	www.capdell.com/
Perobell	www.perobell/
Punt mobles	www.puntmobles.com/
Koo Int.	www.koointernational.com/
RS	www.rs-barcelona.com/
Santa &Cole	www.santacole.com/
Sancal	www.sancal.com/
Sellex	www.sellex.es/
Stua	www.stua.com/
Treku	www.treku.es/
Vicarbe	www.viccarbe.com/
Vondom	www.vondom.com/

Empreses nacionals que no tenen l'estratègia centrada en el disseny:

Abanda	www.abanda.eu/
Arasanz	www.arasanz.com/
Apartmueble	www.apartmueble.com/
Brucs	www.brucs.com/
Bustper	www.bustper.com/
Carabassi Yecla	www.carabassi.es/
Espai Pilma	www.es.pilma.com/
Federico Giner	www.federicoginer.com/
Gaber	www.gaber.it/
Gama	www.gama-decor.com/
Hugonet	www.hugonet.net/
Kalada	www.kaladacontract.com/
Leber contract	www.leberfornitures.es/
Lobster's Day	www.lobstersday.com/
NMC	www.nmc.be/
Mavilop	www.mavilop.es/
Miyour	www.myyour.eu/
Mobles Grau	www.moblesgrau.com/
Santa Lucia	www.santa-lucia.com/
Triconfort	www.triconfort.com/
TM Silleria	www.tmsillerias.com/en/
Camus	www.camuscollection.com/
Hurtado	www.hurtadomuebles.com/
Skyline Design	www.joenfa.es/
Líneas Taller	www.lineastaller.com/
Llass	www.llass.com/
Moblibérica	www.dressy.mobliberica.com/
Muebles Cercos	www.mueblescercos.com/
Mugali	www.mugali.com/
Panamar	www.panamarmuebles.com
Vicente Zgz	www.vicentezaragoza.com/

Poden ampliar-se les referències consultant a Muebles de España (*www.mueblesdeespana.es/empresasphp*).

HÀBITAT

En aquest apartat es recullen marques de productes, complements o parament de la llar per l'hàbitat, que combinen mobiliari i producte, roba, electrodomèstics o catifes.

CATIFES

Nani Marquina	www.nanimarquina.com
NowCarpets	www.nowcarpets.com/
Nodus Rug	www.nodusrug.it/
Gan	www.gan-rugs.com/
Woop Rugs	www.wooprugs.com

DESCANS

Dormidity	www.somnika.com/
Ecomatalasser	www.ecomatalasser.cat/
Fly	www.fly.fr/
Flex	www.flex.es/
Hastens	www.hastens.com/
Jysk	www.jysk.es/
Vispring	www.vispring.com/

DOMÒTICA I INTERRUPTORS

Fontbarcelona	www.fontbarcelona.com/
Niessen	www.abb.es/niessen
Simon	www.simon.es/
Siemens	www.siemens-home.bsh-group.com
Wattio	www.wattio.com
Loxone	www.loxone.com
Easy dom	www.easydom.com/
Nest	www.nest.com/

PAPERS DE PARET

London Arts	www.londonart.it/
NLXL	www.usa.nlxl.com/
Wall Cover	www.wallcover.com/
Domestic	www.domestic.fr/fr/

PAVIMENTS

Gres Bisbal	www.brancos.com/
Mh (Parquets)	www.mhparquets.com/
Mutina	www.mutina.it/it/
Porcelanosa	www.porcelanosa.com/
Saloni	www.saloni.com/es
Tau	www.tauceramica.com/

PARAMENT I COBERTERIA

Alessi	www.alessi.com/
Bauscher	www.bauscher.com/
Bernardaud	www.bernardaud.fr/
Churchill	www.churchill1795.com/
Continental	www.continentalceramictile.net/
Costa verde	www.costa-verde.com/
Couzon	www.couzon.com/
Ekobohome	www.ekobohome.com/
Falco	www.falconenamelware.com/
Feelings	www.feelingsylviecoquet.com/
Gural	www.guralporselen.com.tr/
Guy Degrenne	www.guydegrenne.fr/
Herling Berlin	www.heringberlin.com/
JL Coquet	www.jlcoquet.com/
Kahla Porzellan	www.kahlaporzellan.com/
Montgatina	www.cim-montgatina.com/
Nikko	www.nikkoceramics.com/
Pilco	www.pilco.com/
Porcel	www.porcel.pt/
Porvasal	www.porvasal.es/
Procook	www.procook.co.uk/
Rak	www.rakceramics.com/
Raynaud	www.raynaud.fr/
Revol	www.revol-porcelaine.fr/
Rosenthal	www.rosenthal.de/
Royal Limoges	www.royal-limoges.fr/
Salvinelli	www.salvinelli.it/
Sambonet	www.sambonet.it/
Schonwald	www.schoenwald.com/
Seitmman	www.seltmann-weiden.com/
Steelite	www.steelite.com/
Variopinte	www.variopinte.com/
Victor Inox	www.victorinox.com/
Villeroy & Boch	www.villeroy-boch.com/
Vista Alegre	www.vistaalegreatlantis.com/
Wedgwood	www.wedgwood.co.uk/

IL·LUMINACIÓ

Almerich	www.almerich.com/
Artemide	www.artemide.com/
Aurora	www.auroralighting.com/
Biosphere Flux	www.biosphereflux.com/
BjB	www.bjb.com/
Bover	www.bover.es/
Carpyen	www.carpyen.com/
Dajor	www.dajor.es/
Diesel by Foscarini	www.foscarini.com/diesel/
Erco	www.erco.com/
Estiluz	www.estiluz.com/
Fede	www.fedelighting.com/
Flexform	www.flexform.it/
Flos	www.flos.com/
Fluvia	www.fluvia.com/
Fontana Arte	www.fontanaarte.com/
Foscarini	www.foscarini.com/
Grupo Novolux	www.gruponovolux.com/
Ingo Maurer	www.ingo-maurer.com/
Iris Cristal	www.iriscristal.com/
Jung	www.jung.de/
Lamp	www.lamp.es/en/
Leds-C4	www.leds-c4.com/
Luceplan	www.luceplan.com/
Lzf	www.lzf-lamps.com/
Marset	www.marset.com/
Mdf Italia	www.mdfitalia.com/
Metalarte	www.Metalarte.com/
Milan	www.milan-iluminacion.com/
Muuto	www.muuto.com/lighting
Nexia	www.nexia.es/
Riperlamp	www.riperlamp.com/
Santa y Cole	www.santacole.com/
Simon	www.simon.es/
Targetti	www.targetti.com/
Vibia	www.vibia.com/

PRODUCTE

Actus	www.actus-interior.com/
Bolia	www.bolia.com/
Conforama	www.conforama.es/
Crate and barrel	www.crateandbarrel.com/
D. Within Reach	www.dwr.com/
Eilersen	www.eilersen.eu/
Francfranc	www.francfranc.com.hk/
House Doctor	www.en.housedoctor.dk/
Ilva	www.ilva.dk/
Natuzzi	www.natuzzi.es/
Nitori	www.nitori.co.jp/
Nissin	www.nissin-mokkou.co.jp/
Norman	www.normann-copenhagen.com/
Hulsta	www.hulsta.com/
Höffner	www.hoeffner.de/
Otto Group	www.ottogroup.com/
Porada	www.porada.it/
Shimachu	www.shimachu.co.jp/furniture/
Skistch	www.skitsch.com/
Slow house	www.slow-house.com/
Tecta	www.tecta.de/
Verpan	www.verpan.com/
Westelm	www.westelm.com/
Wrong for hay	www.wrongforhay.com/
Very wood	www.verywood.it/

TÈXTIL

Fitnice	www.fitnice.com/
Gancedo	www.gancedo.com/
Gratacós	www.gratacos.com/
Kvadrat	www.kvadrat.dk/
Nunoya	www.nunoya.com/
Ribes & Casals	www.ribescasals.com/
Ribesplastic	c/Rocafort, 10. Bcn.
Telas para tapizar	www.telasparatapizar.com/

Més informació a Textiles from Spain, *www.textilesfromspain.org/en/companies*. Es poden realitzar customitzacions de teles a *www.textilfy.es/*

1.5. Punts de venta

Algunes empreses compten amb una botiga pròpia en la seva pàgina web o un espai *showroom* amb un horari concret, d'altres utilitzen punts de venda de botigues especialitzades o fan la comercialització a partir de grans magatzems.

Com a dissenyadors és important conèixer la distribució que pot fer-se en la nostra ciutat, al nostre país i en llocs concrets. Com elaborar estratègies que uneixin un fabricant amb un punt de venda per tal de fer una presentació en una botiga en concret pot motivar a l'empresa a acceptar un projecte de disseny de mobiliari.

BOTIGUES A BARCELONA

— **Appartement:** c/ Enric Granados, 44. www.lappartement.es/
— **Azultierra:** c/ Còrsega, 276. www.azultierra.es/
— **Beriestain:** c/ Pau Claris, 167. www.beriestain.com/
— **Casa Viva:** Av. Diagonal, 490. www.casaviva.es/
-**Cubinya:** c/ Mallorca, 291. www.cubinya.es
— **Domestico:** Av. Diagonal, 419. www.domesticoshop.com/
— **En Linea:** c/ Còrsega, 284. www.enlineabarcelona.com/
— **La Capell:** www.eupalinos.com/
— **Feydom:** c/ Balmes, 226 www.feydom.com
— **Fustam:** c/ Joaquín Costa, 62. www.fustam.cat
— **Habitat:** Av. Diagonal, 514. www.habitat.net/
— **La Cadira:** Gran Via, 547. www.lacadira.com/
— **Luzio:** c/ Ferran Agulló, 16. www.luzio.es/
— **Mar de cava:** c/ Valencia, 293. www.mardecava.com/
— **Minim Barcelona.** c/ Via Augusta, 185. www.minim.es/
— **Maison du monde:** Av. Diagonal, 405. www.maisonsdumonde.com/
— **Muji:** Rambla de Catalunya, 81. www.muji.eu/
— **Muy Mucho:** Rambla Catalunya, 116. www.muymucho.es/
— **NewHome:** c/Comte d'Urgell, 20. www.new-home.es/es
— **Natura Casa:** Av. Diagonal, 472. www.naturaselection.com/casa
— **Novum:** c/ Pintor Fortuny, 30. wwwnuovum.com/
— **Pilma:** Av. Diagonal, 403. www.en.pilma.com/
— **Kenay Home:** c/ Balmes, 200. www.kenayhome.com/
— **RS Barcelona:** c/ Còrsega, 365 www.rs-barcelona.com/
— **Samtida:** c/ Arc de Sant Ramon, 7b. www.samtida.com/
— **Sit Down:** c/ Mallorca, 331. www.sitdown.es/
— **Tenuee:** Av. Diagonal, 506. www.tenuee.net/
— **Vitra:** Plaça Comercialm, 5. www.vitra.com/
— **Zara Home:** Av. Diagonal, 490. www.zarahome.com/

BOTIGUES NACIONALS

— **Mestizo:** (Madrid) Piamonte, 4. www.mestizostore.com/es/
— **Cosín:** (València): c/ d'Hernán Cortés, 17. www.cosinestudio.com/
— **Idees** (Vic): Crtra. de Vic a Olot. www.ideesdisseny.com
— **La Fábrica** (Madrid): c/ Alameda, 9. www.lafabrica.com
— **Mure** (Igualada): c/ de la Torre, 36. www.mure.eu

BOTIGUES INTERNACIONALS

A continuació s'adjunten alguns punts de venta com a llocs de referència.

— **Aram Gallery**:
110 Drury Lane, Covent Garden,
Londres, Regne Unit. www.aram.co.uk/

— **Merci**:
111 Beaumarchais Boulevard,
París, França. www.merci-merci.com/

— **Moma Design Shop**:
11 West 53 Street, Nova York.
www.moma.org/

— **The Frozen Fountain**:
Prinsengracht 645, 1016 HV Amsterdam.
www.frozenfountain.nl/

PUNTS DE VENTA EN LÍNIA

Do Shop	www.do-shop.com/
Dutch	www.dutchbydesign.com/
Fab	www.fab.com/
Finnish D.	www.finnishdesignshop.com/
Kauchy	www.Kauchy.com
Labour	www.labourandwait.co.uk/
Made	www.made.com/
Nest	www.nest.co.uk/
Showhome	www.ourshowhome.com/
Pedlar	www.pedlars.co.uk/
Places	www.placesandspaces.com
Royal	www.royalshopping.com/
Utility	www.utilitydesign.co.uk/
Woven	www.wovenground.com/

ANTIQÜARIS

Els antiquaris poden utilitzar-se per comercialitzar certs productes però sobretot per trobar peces clàssiques i de segona mà, a Barcelona:

— **Fins de Siècles:** c/ Enric Granados, 70.
www.finsdesiecles-artdeco.com/

— **Brutus de gaper:** c/ Pamplona, 60.
www.brutusdegaper.com/

— **Gidlööf:** Passatge Mercantil. Born.
www.gidloof.com/

— **Mercat dels Encants:** La Filla del Bellcaire.
(Dill, Dim, Div i Dissabte 9-20)

CASES DE SUBHASTES

Les cases de subhastes són un mercat molt especialitzat on es poden trobar peces singulars:

— **Balcli's:** c/ Rosselló, 227. (Barcelona)
www.balclis.com/

— **Subarna:** c/ Diputació, 278. (Barcelona)
www.subarna.net

Internacionals

— **Bonhams:** www.bonhams.com/
— **Christies:** www.christies.com/
— **Doyle:** www.doyle.com/
— **Phillips:** www.phillips.com/
— **Sothebys:** www.sothebys.com/
— **Wright:** www.wright20.com/

1.6. Galeries

GALERIES NACIONALS

Les galeries que estan especialitzades en disseny tenen peces o exposicions de dissenyadors. A continuació s'exposa amb el següent format:

— **Nom de la galeria** (Ciutat). (Responsable) Adreça. *Pàgina Web* (D: Dissenyadores / ...)

— **M-M** (Madrid).
c/ José Marañón, 4 , Madrid.
www.machadomunoz.com/
(D: Michael Anastassiades / Von Pelt / Fredrikson Stallard / Alvaro Catalán de Ocón / Philippe Anthonioz / Lucas Muñoz Muñoz / Anton Alvarez...)

— **H2O** (Barcelona) (Joaquim Ruiz Millet)
c/ Verdi, 152, Barcelona. *www.h2o.es/*
(D: Martí Guixe / Martin Azua / FJ Barba Corsini...)

— **Il·lacions Design Gallery**
(Elena Rapelius i Xavier Franquesa).
www.behance.net/illacions

— **Room Service** (Barcelona).
c/ dels Àngels, 16.
www.roomsd.com/
(D: Visser&Meijwaard / Piet Hein Eek/ Maarten Baas / Richard Hutten / Henk Stallinga / Gijs Bakker...)

— **Side Gallery** (Barcelona).
c/ Enric Granados, 80.
www.side-gallery.com/
(D: Muller van severen / Glithero / Guillermo Santomá / Kim Thome / Liliana Ovalle...)

Galeries de Barcelona tancades:
Són numeroses les galeries que han tancat però conserven la pàgina web:

— **Sala Vinçon** (Fernando Amat).
Passeig de Gràcia, 96. www.vincon.com/es/

— **Motel** (Rafel Oliva, Patricia Fort)
c/Marina, 68

— **Otrascosas de Villarrosàs** (Marc Morro)
Via Laietana, 64.
www.cargocollective.com/ otrascosasdevillarrosas

— **Iguapop Gallery:** c/ Comerç, 15.
www.iguapop.net

GALERIES INTERNACIONALS

Hi ha un mercat de galeries que estan especialitzades en disseny que tenen fires on també mostren les seves peces. En són exemples Design Basel a Basel i Miami o Pad Fairs a Londres o Nomad a St. Moritz i Mònaco o Collectible a Brussel·les:

— **Almine Rech Gallery** (París, Londres, Nova York, Brussel·les). Rue de Turenne, 64, París.
www.alminerech.com/

— **Apalazzo Gallery** (Brescia).
Piazza Tebaldo Brusato, 35, Brescia, Itàlia.
www.apalazzo.net/

— **Caroline Van Hoek** (Brussel·les).
Rue Van Eyck 57, 1050 Brussel·les, Bèlgica.
www.carolinevanhoek.be

— **Carpenters Workshop Gallery** (Londres).
(Loic Le Gaillard, Julien Lombrail). Albemarle Street, 3, W1S 4HE Londres, Regne Unit.
www.cwgdesign.com
(D: Atelier Van Lieshout/ Sebastian Brajkovic/ Ingrid Donat/ Thierry Dreyfus/ Vincent Dubourg/ Lonneke Gordinjn i Ralph Nauta/ Mathieu Libertiny/ Marc Quinn/ Random International/ Pablo Reinoso/ Robert Stadler/ Studio Job/ Charles Trevelyan).

— **Carwan Gallery** (Beirut).
(Nicolas Bellavance i Pascale Wakim)
D-Beirut Bldg, primera planta. Seaside Road, Burj Hammoud, Beirut, Líban.
www.carwangallery.com/

— **Casati Gallery** (Chicago).
Pershing Road, 1965 W, Chicago.
www.casatigallery.com/

— **Contrasts Gallery** (Pearl Lam).
Middle Jiangxi Road, 181, g/f, Xangai, Xina.
www.contrastsgallery.com
(D: Mattia Bonetti/ Maarten Baas/ Studio MakkinkBey/ André Dubreuil/ Philip Michael Wolfson/ Xyz Design / Danful Yang).

— **Cristina Grajales** (Nova York)
(Cristina Grajales i Elisabeth Murphy).
Greene Street, 10, 4, Nova York, E.U.A.
www.cristinagrajalesinc.com
(D: Alexandra Agudelo/ Chistophe Come/ Hechizoo/ Sheila Hicks/ Roy Mcmakin/ Pulowi).

— **D & A Lab Brussels** (Dirk Meylaerts, Isolde Pringiers, Niki Vranken)
Thiefrystraat, 39, 1030 Brussel·les, Bèlgica.
www.dna-lab.net. (D: Jonathan Monk).

— **Dansk Mobelkunst Gallery** (Zurich i París)
(Ole Hostbo i Dorte Slot)
Talacker, 30, Zuric, Suïssa/ Quai des Grands Augustins 53bis, 75006 París, França.
www.dmk.dk (D: Alvar Aalto/ Poul Henningsen/ Finn Juhl/ Poul Kjaerholm/ Hans Wegner).

— **David Gill Galleries** (Londres)
(David Gill i Laurent Muller).
Loughborough Street, 3, SE11 5RB Londres, Regne Unit. *www.davidgillgalleries.com*
(D: Barnaby Barford/ Mattia Bonetti/ Reinier Bosch/ Fredrikson Stallard/ Zaha Hadid/ Oriel Harwood/ Garouste Bonetti/ Ettore Sottsass/ Alexander Taylor).

— **Demisch Danant** (Nova York) (Suzanne Demisch, Stephane Danant).
West 22nd Street, 542, 10011 Nova York, Estats Units. *www.demischdanant.com*
(D: Janine Abraham Dirk Jan Rol/ Pierre Guariche/ Maria Pergay/ Antoine Philippon i Jacqueline Lecoq).

— **Didier Aaron** (París).
(Hervé Aaron, Bill Pallot)
Rue Faubourg Saint-Honoré, 118, 75008 Paris, França. *www.didieraaron.com*
(D: Jean-Baptiste Boulard/ Pierre-Louis Gagoty-François Honoré/ Jean-Baptiste-Bernard Demay/ Georges Jacob/ Jean-Baptiste Lelarge/ Jean-François Oeben/ François-Ignace Papst/ Pierre-Etienne Romain/ Nicolas-Pierre Severin/ Adam Weisweiler).

— **Dilmos** (Milà)
(Gianandrea Castellazzi)
Piazza san Marco, 1, 20121 Milà, Itàlia.
www.dilmos.com
(D: Studio Job/ Pieke Bergmans).

— **Droog** (Amsterdam)
(Renny Remarker, Marielle Janmaat).
c/ Staalstraat, 7a/7b, 1011 JJ, Amsterdam, Holanda. *www.droog.com* (D:Demakersvan/ Jan Konings/ Minale-Maeda/ Telo Remy & Rene Veenhuizen/ Stefan Sagmeister/ Studio MakkinkBey).

— **Etage projects** (Copenhagen).
Borgergade 15E, DK, 1300 Copenhagen.
www.etageprojects.com/

— **Gabrielle Ammann Gallery** (Colònia)
(Gabrielle Ammann) Teutoburguer Strasse 27m, 50678 Colònia, Alemanya.
www.ammann-gallery.com (D:Ron Arad/ Florian Borkenhagen/ Zara Hadid/ Nucleo/ Styendra Pakhale/ Rokf Sachs).

— **Galerie Bsl** (París).
Rue Bonaparte, 10, 75006 París.
www.galeriebsl.com/

— **Galerie Anne-Sophie Duval** (París)
(Julie Blum) Quai Malaquais, 5 75006 Paris, França. *www.annesophieduval.com*
(D: Pierre Chareau/ Marcel Coard/ Jean Dunand/ Jean-Michael Frank/ Marc du Plantier/ Paul Dupré Lafon).

— **Galerie Chastel-Maréchal** (París)
(Aline Chastel, Laurent Maréchal)
Rue Bonaparte, 5. París.
www.chastel-marechal.com
(D: Andre Borderie/ Alexandre Noll/ Maria Pergay/ Jacques Quinet/ Serge Roche/ Jean Royere/ Line Vautrin).

— **Galerie du Passage** (París)
(Nathalie Peters, Dominique Dauphin)
Galerie Véro-Dodat, 20-26, París, França.
www.galeriedupassage.com
(D: Franco Albini/ Guy de Rougemont/ Annabelle D´Huart/ François Xavier Lalanne/ Fausto Melotti/ Verner Panton/ Gio Ponti).

— **Galerie Enric Philippe** (París).
(Enric Philippe, Léonore Bancilhon)
Galerie Véro-Dodat, 25, 75001 França.
www.enricphilippe.com
(D: Paul Frankl / Paul Laszló/ James Mont/ Phillip Lloyd Powell/ John Risley,T. H./ Robsjohn-Gibbing/ Frank Lloyd Wright).

— **Galerie Eva Presenhuber** (Zuric)
Maag Areal, Zahnradstrasse 21, Zuric.
www.presenhuber.com

— **Galerie Jacques Lacoste** (París)
(Jacques Lacoste, Agnés Mulon)
Rue de Seine, 12, París, França.
(D: Max Ingrand/ Georges Jouve/ Robert Mallet Stevens/ Mathieu Matégot/ Serge Mouille/ Alexandre Noll/ Charlotte Perriand/ Marc Du Plantier/ Jean Prouvé/ Jean Royere).

— **Galerie Kreo** (París) (Clemence i Didider Krzentowski, Aurélie Julien)
Rue Dauphine, 31, París, França.
www.galeriekreo.com
(D: François Bauchet/ Ronan i Erwan Bouroullec/ Fernandoi Humberto Campana/ Pierre Charpin/ Front Design/ Naoto Fukasawa/ Konstantin Grcic/ Hella Jongerius/ Julia Lohmann/ Alessandro Mendini/ Jasper Morrison/ Marc Newson/ Studio Wieki Somers/ Martin Szekely).

— **Galerie Perrin** (París) (Philippe Perrin)
Rue du Fraubourg St-Honoré, 98, París.
www.galerieperrin.com
(D: François- Honoré-Georges Jacob-Desmalter/ Desmalter/ Pierre II Legros com a «Le Jeune»/ Hubert Robert/ François Rude).

— **Galerie Pierre Marie Giraud** (Brussel·les)
(Pierre Marie Giraud, David Vander Stricht)
Rue des Minimes, 15. Brussel·les, Bèlgica.
www.pierremariegiraud.com
(D: Martine Bedin/ Rose Cabat/ Fukumoto Fuku/ Jean Girel/ Valerie Hermans/ Yuho Kaneshige/ Yoshiro Kimura/ Chun Liao/ Louiselio/ Tony Marsh/ Kristin Mckirdy/ Ritsue Mishima/ Zenji Miyashita/ Ron Nagle/ Barbara Nanning/ Nadia Pasquer/ Pablo Picasso/ Annick Tapernoux/ Alain Vernis/ Raphael de Villers/ Akiyama Yo/ Sandra Zeenni).

— **Galerie Rossella Colombari** (Milà)
(Rossella Colombari)
Via Maroncelli, 10. Milà, Itàlia.
www.artnet.com/galleriacolombari.html
(D: Andrea Branzi/ Piero Gilardi/ Gaetano Pasce/ Ettore Sottsass/ Alessandro Mendini).

— **Galleria Luisa Delle Piane** (Milà)
Via Giusti, 24, Milà, Itàlia.
www.gallerialuisadellepiane.it/

— **Galleria Rossana Orlandi** (Milà)
(Nicoletta Brugnoni, Marco Tabasso)
Via Matteo Bandello, 14, Milà, Italia.
www.galleriarossanaorlandi.com
(D: Nacho Carbonell...).

— **Gallerie Patrick Seguin** (París)
(Patrick Seguin)
Rue des Taillandiers, 5, París, França.
www.patrickseguin.com
(D: Le Corbusier/ Pierre Jeanneret/ Charlotte Perriand/ Jean Prouvé/ Jean Royere).

— **Gallery Downtown François Laffanour**
(París) (François Laffanour)
Rue de Seine, 18-33, París, França.
www.galeriedowntown.com
(D: Ron Arad/ Choï/ Le Corbusier/ Pierre Jeanneret/ George Jouve/ Serge Mouille/ George Nakashima/ Charlotte Perriand/ Jean Prouvé/ Jean Royére/ Ettore Sottsass).

— **Gallery Fumi** (Londres)
Hay Hill, 2, Mayfair, W1J 6AS, Londres, Regne Unit.
www.galleryfumi.com/

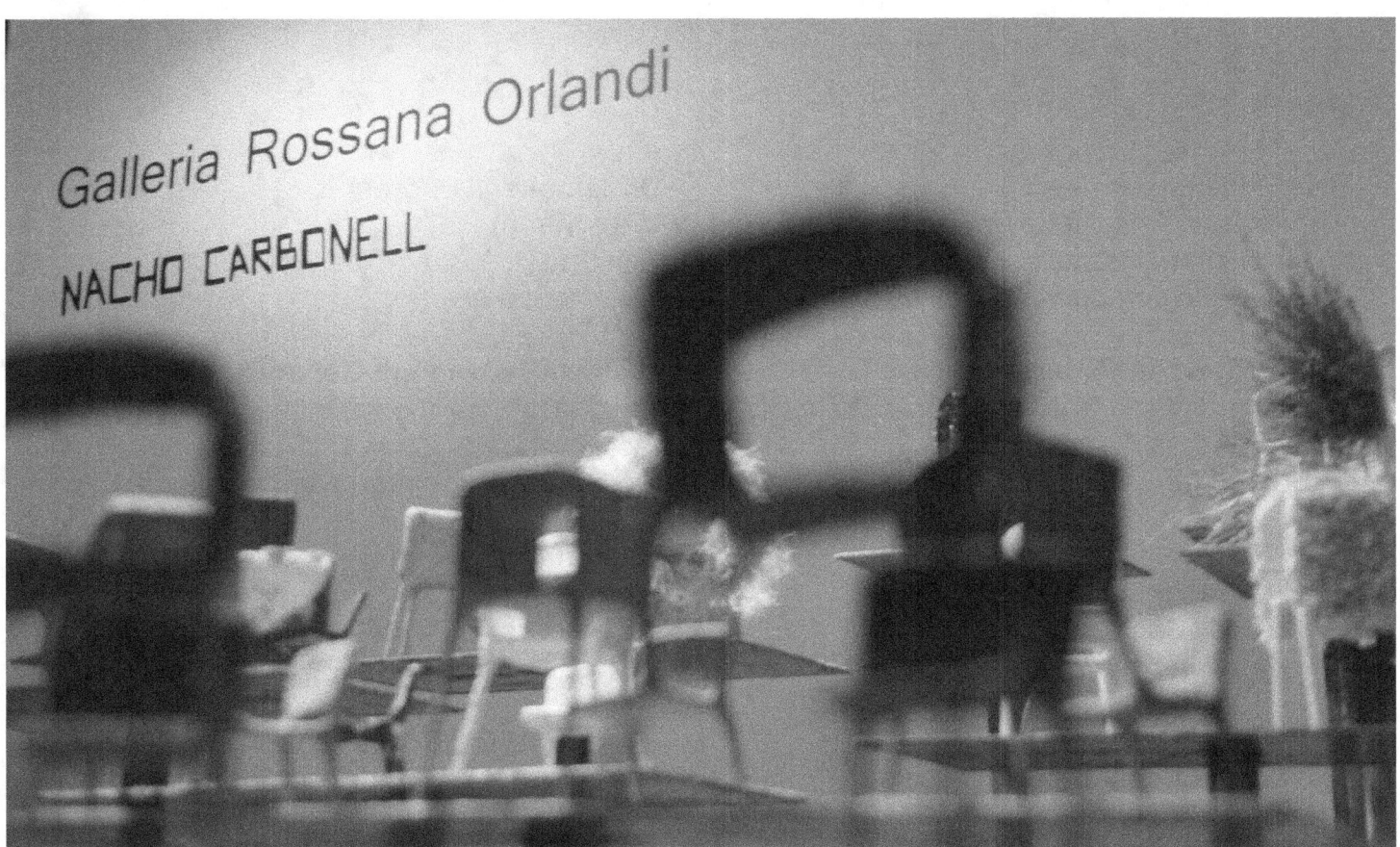

Nacho Carbonell a Design Basel 2009. Rossana Orlandi. // GFerran.

— **Gallery Libby Sellers** (Londres)
(Libby Sellers)
Ladbroke Road, 83a, Londres.
www.libbysellers.com
(D: Simon Heijdens/ Anton Alvarez/ Aldo Bakker/ Formafantasma/ Simon Hasan/ Max Lamb).

— **Gallery Seomi** (Seül) (Lia Moon)
Cheongdam, 97-19 Gangnam,
135-100 Seül, Corea.
www.seomituus.com

— **Giustini Stagetti** (Roma)
Via dell'Arancio, 46-49, Roma, Itàlia.
www.giustinistagetti.com/

— **Jacksons** (Estocolm i Berlín)
(Paul Jackson, Carina Jackson)
Silyllegatan, 53, Estocolm, Suècia.
Lindenstrasse, 34, Berlín, Alemanya.
www.jacksons.se

— **Johnson Trading Gallery** (Nova York)
(Paul Jognson, Erika Orman)
Greenwich, 490, Nova York, EUA.
www.johnsontradinggallery.com

— **Jousse Entreprise** (París)
(Philippe Jousse)
Rue Seine, 18, París, França.
www.jousse-enterprise.com

— **Karena Schuessler Gallery** (Berlín)
(K. Schuessler) Uhlandstrasse 45, Berlín.
www.karenaschuessler.com

— **Magen H. Gallery** (Nova York)
(April Magen, Hugues Magen)
East 11th street, 54, Nova York, E.U.A.
www.magenxxcentury.com

— **Maniera** (Brussel·les)
(Amaryllis Jacobs, Kwinten Lavigne)
Place de la Justice, 27-28, Brussel·les.
www.maniera.be

— **Marlborough contemporary**
(NY, Londres)
West 25th Street, 545, Nova York, EUA.
www.marlboroughcontemporary.com/

— **Massimo de Carlo** (Milà, Londres, Hong Kong)
Via Giovanni Ventura, 5, Milà, Itàlia.
www.massimodecarlo.com/

— **Mitterrand+Cramer** (Ginebra)
(Edward Mitterrand, Stéphanie Cramer)
Rue des Bains, 52, Ginebra, Suïssa.
www.mitterrand-cramer.com/

— **Nilufar Gallery** (Milà)
(Nina Yashar)
Via della Spiga, 32, Milà, Itàlia.
www.nilufar.com/

— **Particles Gallery** (Amsterdam)
(Wilpert Dreesmann)
Damrak 70, Amsterdam, Holanda.
www.particlesgallery.com/

— **Perry Rubenstein Gallery** (Nova York)
(Perry Rubenstein, Molly Klais Springer)
West 23rd Street, 527, Nova York, EUA.
www.perryrubenstein.com/

— **Priveekollektie Contemporary** (Heusden)
(Irving van Dijk, Miriam van Dijk)
Kerkstraat 1, Pelsestraat 15,
Heusden aan de Maas, Holanda.
www.priveekollektie.com/

— **R 20TH Century** (Nova York)
(Zesty Meyers, Evan Snyderman, Cate Andrews)
Franklin Street, 82, Nova York, EUA.
www.r20thcentury.com/

— **Riflemaker** (Londres)
(Robin Mann)
Beak Street, 79, Londres, Regne Unit.
www.riflemaker.org/

— **Sarah Myerscough Gallery** (Londres)
Studio 401, Southbank House,
Black Prince Rd, Londres, Regne Unit.
www.sarahmyerscough.com/

— **Secondome** (Roma)
(Claudia Pignatale)
Via degli Orsini, 26-27, Roma, Itàlia.
www.secondome.eu/

— **Skarstedt Gallery** (Londres, Nova York)
Bennet Street, 8, Londres, Regne Unit.
www.skarstedt.com/

— **Vivid Gallery** (Rotterdam)
(Saskia Copper, Aad Krok)
William Boothlaan, 17a, Rotterdam, Holanda.
www.vividvormgeving.nl/

— **Victor Hunt** (Brussel·les)
E. Claus, 51, Brussel·les, Bèlgica.
www.victor-hunt.com/

— **Yves Macaux** (Brussel·les)
Rue des Champs Elysées, 19,
Brussel·les, Bèlgica.
www.secessions.com/

1.7. Concursos

Es diferencien els concursos que reconeixen el treball conceptual o les idees i els concursos que reconeixen els productes i mobles ja industrialitzats.

CONCEPTUAL

Són concursos amb una temàtica en la qual el projecte està en una fase conceptual, encara sense realitzar. A continuació, s'exposen els que tenen una convocatòria més propera:

— **Medalles ADI.** (1976) Treball final estudis.
www.adifad.org/premis/es/adi-medal/

— **Diseño Injuve.** (2001) Trajectòria jove.
http://www.injuve.es/convocatorias/premios/

— **Andreu World.** (16a edició)
www.contest.andreuworld.com

— **CETEM.** (22a edició)
www.concursomueble.cetem.es/web

— **Cosentino Design Challenge.** (10a edició)
www.cosentinodesignchallenge.org/

— **Gandia Blasco.** (11a edició)
www.gandiablasco.com

— **Roca Jump the gap.** (7a edició)
www.jumpthegap.net/en/

— **Roca One Day Design Challenge.** (4a edició)
Primer cap de setmana d'octubre.

— **Anells de la Fusta.**
www.gremifustaimoble.cat

— **Voilà:** Servei Estació. (8a edició)
www.serveiestacio.com/ca/voila-2018/

A continuació es veuen concursos amb convocatoria internacional:

— **AD.** (2006) www.revistaad.es

— **A Design Award.** 100 categories.
www.competition.adesignaward.com/

— **Braun Prize.** (1968) www.braunprize.org/en/

— **Design Parade.** Villa Noailles (2005)
www.villanoailles-hyeres.com/

— **Designpreis Halle.** (2007, 10, 14 i 17)
www.designpreis-halle.de/

— **Lexus Design Award.** (2013)
www.lexus-int.com/lexus-design-award

— **International Furniture Design Asahikawa.**
www.ifda.jp/

— **Prix Emile Hermes.** (2008, 11, 14 i 16)
www.prixemilehermes.com/en/

— **Hublot Design Prize.** (2014)
www.hublot.com/news

— **Rado Star Prize.**
www.radostarprize.rado.com

— **Salone Satellite Award.** (2010)
www.salonemilano.it

Actualment no es celebren:
— Promosedia Design. (32 edicions) Udine.

— Habanos Chair del siglo XXI. (3 edicions)
www.clubpasionhabanos.com/smokingchair/

— Muji Award. (2004)
www.muji.net/award/results/04

— Premi María Martinez Otero. (3 edicions)
www.fundacionmariamartinezotero.org/

PRODUCTE O EMPRESA

Són els premis que es concedeixen a productes ja industrilitzats o a un catàleg i empreses.

— Premis Delta.
Iniciativa realitzada pel ADI, l'Asociació de Disseny Industrial del Foment de les Arts i el Disseny des de 1961. Convé destacar els premis de les últimes edicions a mobiliari: Trébol d'Escofet, Rai de Santa & Cole (2018), Bernades de Vergés (2016), Rabari de Nanimarquina, Offset de Maxdesign Grasshope d'Escofet, Gardenias de BD (2014), Benchb de BD (2013), 3x3 de 3patas, BlancoWhite de Santa & Cole (2012), Vapor de Lékué (2011), Carrière de Distalizer (2009), Bancs suïssos de BD (2007), entre d'altres.

Més informació a la web del 'ADI (*www.adifad.org/premis/archives/*). Convé destacar l'exposició realitzada el 2010 al Palau Robert i el catàleg *"Premis Delta: 50 anys amb el disseny 1960-2010"*.

— Premi Design Management Europe Award.
Iniciativa per identificar i premiar les millors pràctiques de gestió de disseny en les empreses i organitzacions europees.

2014: Marset.
2013: Camper, Cricursa i Gandia Blasco.
2011: Lékué, Nanimarquina i Teixidors.
2010: Figueras i Estiluz.
2009: Metalarte.
2008: Roca.
2007: Chocolat Factory, Santa & Cole, JG Group i EASD Logroño.

Més informació a la web del BCD o a la web del premi *www.designmanagementexcellence.com/*

PREMIS NACIONALS

Destaquen els **Premis Nacionals de Disseny** que han atorgat el BCD juntament amb el Ministeri d'Indústria.
Aquests premis es va otorgar de sde 1987 fins el 2010. Es realitzaven dues categories: la modalitat professional i la modalitat empresa. Els premiats han estat:

1987: André Ricard (*www.andrericard.com*), Miguel Milá (*www.miguelmila.com*) i Mobilplast / Casas.
1988: Oscar Tusquets (*www.tusquets.com*), Enric Satué, Puig i BD Barcelona.
1989: Santiago Miranda i Alberto Corazón (*www.albertocorazon.com*).
1990: Josep Lluscà (*www.llusca.com*), Ricard Giralt-Miracle i Disform.
1992: America Sánchez, Escofet i Ramón Benedito (*www.beneditodesign.com*).
1995: Daniel Nebot, Vinçon, Zimmermann
1997: Jorge Pensi (*www.pensistudio.com*), Punt Mobles, Cruz Novillo.
1998: Peret, Camper, Amat.
1999: SantaCole, Alberto Lievore (*www.lievoreal-therrmolina.com/*) i Javier Mariscal (*www.mariscal.com/*)
2000: Mario Eskenazi, Akaba. Distincions a: Massana, Elisava i Eina, Juli Capella i Quim Larrea.
2001: Dani Freixes i Mobles 114.
2002: Isidro Ferer i Roca.
2003: Antoni Arola, Canal +, Talgo.
2004: Juan Gatti, Josep Pla-Narbona i Metalarte.
2005: Nani Marquina i Carlos Rolando.
2006: Pepe Cortés i Signes.
2007: Pati Núñez i Andreu World.
2008: Summa i Stua.
2010: Óscar Mariné i Kettal.

Durant els anys 91, 93, 94, 96, 09, 14 i 18 no hi va haver convocatòria.

A partir del 2010, es van passar a anomenar **Premios Nacionales de Innovación y de Diseño** i es va afegir el Premi a la internacionalització a la compra pública innovadora i a la trajectòria innovadora.
Els guanyadors han estat:

2011: Cricursa i Sellex i Carles Riart (*www.carlesriartbcn.com/*).
2012: Nacho Lavernia, Lekue i Mobiliario Royo (*www.royogroup.com/*).
2013: Enric Huguet, Figueras Seating i Ferrovial, Pablo Martín Badosa (*www.designbyatlas.com*).
2015: Jaime Moreno (Mormedi) i Marset.
2016: Simon, S.A.U, Cosentino i Mario Ruiz Rubio (*www.marioruiz.es*).
2017: Manuel Estrada Pérez, Berbegal, Formas y Actiu (*www.actiu.com*).
2019: Porcelanosa, Point, Esne.

Més informació al Ministerio de Economía i Competividad a la Secretaria de Estado de Investigación, Desarrollo e Innovación.
www.idi.mineco.gob.es/portal/site/MICINN/PNID

INTERNACIONAL

Es refereix als premis que es donen en altres països on s'organitzen de la manera següent i mostren «categories» relacionades amb el mobiliari:

— **Red Dot Design Award.** (1954)
categoria d'hàbitat i d'interior. «Home and seating furniture, garden furniture»
www.en.red-dot.org/

— **If Design Award.** (1953)
«Home furniture, office»
www.ifworlddesignguide.com

— **European Design Award.** (1985)
«Home interior products»
www.productdesignaward.eu/

— **Good Design Award.** (1957, Japó)
G Mark. www.g-mark.org/

— **Radical Innovation Award.** (2007, N.York)
The John Hardy Group (www.jhgi.com)
www.radicalinnovationaward.com/

A continuació també es mostra alguns premis i distincions que s'entreguen per països, organitzacions i revistes:

— **Dutch Design Awards.** (Holanda)
www.dutchdesignawards.nl/

— **German Design Award.** (Alemanya)
www.german-design-award.com/

— **Designer of the Year.** (Regne Unit)
www.designsoftheyear.com/

— **The British Design Awards.** (Regne Unit)
www. thebritishdesignawards.com/

— **Designer of the Year.** (Bèlgica)
https://interieur.be/designer-year/

— **Swedish Design Award.** (Suècia)
www.design-s.se/

— **Designer of the Future:** (Miami/Basel)
www.designmiami.com/

— **Wallpaper Design Awards.** (Estats Units)
www.wallpaper.com/tags/design-awards/

— **American Design Hot List.** (Estats Units)
www.sightunseen.com/

1.8. Dissenyador@s

És difícil establir una llista de dissenyadors concreta tenint en compte el nombre de referències de premis o apareguts anteriorment com a experts. Les llistes canvien contínuament i depenen de l'activitat dels dissenyadors amb les marques amb què col·laboren i els diferents anys. Tot i així aquí s'exposa una petita selecció per països:

ALEMANYA

Daniel Becker	www.danielbecker.eu/
Jörg Schellman	www.schellmannfurniture.com/
Konstantin Grcic	www.konstantin-grcic.com/
Kram/Weisshaar	www.kramweisshaar.com/
Max Longin	www.max-longin.com/
Martin Ballendat	www.ballendat.de/
Richard Lampert	www.richard-lampert.de/
Ron Gilad	www.rongilad.com/
Sebastian Herkner	www.sebastianherkner.com/
Schellmann	www.schellmannfurniture.com
Stefan Diez	www.stefan-diez.com/
Werner Aisslinger	www.aisslinger.de/

ÀUSTRIA

Eoos	www.eoos.com/
Martin Zampach	www.martin.zampach.com/
MischerTraxler	www.mischertraxler.com/
M. Rahm i M. Singer	www.polkaproducts.com/
Rainer Mutsch	www.rainermutsch.com/
Robert Stadler	www.robertstadler.net/
Soda Designers	www.soda.at
Thomas Feichtner	www.thomasfeichtner.com/

BÈLGICA

Alain Berteau	www.alainberteau.tumblr.com
Alain Gilles	www.alaingilles.com/
Bram Boo	www.bramboo.be/
Jean-François D'Or	www.loudordesign.be/
Julien Carretero	www.juliencarretero.com
Maarten de Ceulaer	www.maartendeceulaer.com
Marina Bautier	www.marinabautier.com/
Muller Van Severen	www.mullervanseveren.be/
Stefan Schöning	www.stefanschoning.com/
Studio Job	www.studiojob.be/
Sylvain Willenz	www.sylvainwillenz.com/
V. V. Duysen	www.vincentvanduysen.com

BRASIL

Estudio Ninho	www.estudioninho.com/
Mendes	www.fernandomendesdesigner.com.br
Campana	www.campanas.com.br/
Guilherme Wentz	www.guilhermewentz.com/
Hugo Sigaud	www.hugosigaud.com.br
Jader Almeida	www.jaderalmeida.com/
Joaquim Tenreiro	www.hdesigngallery.com/
Lina bo Bardi	www.institutobardi.com.br/
Baraúna	www.barauna.com.br/
Fasanello	www.ricardofasanellodesign.com
Zanini de Zanine	www.studiozanini.com.br/

DINAMARCA

Børge Mogensen	www.scandinavia-design.fr/
GamFratesi	www.gamfratesi.com/
Jens Risom	www.jensrisom.com/
Verner Panton	verner-panton-design.com/

ESTATS UNITS D'AMÈRICA

Ana Kras	www.anakras.com/
Fort Makers	www.fortmakers.com/
Karim Rashid	www.karimrashid.com/
Kelly Wearstler	www.kellywearstler.com/
Marc Newson	www.marc-newson.com/
Ouli	www.ouli.us/
Sean Yoo	www.seanyoo.com/
S. Burks	stephenburksmanmade.com
Todd Bracher	www.toddbracher.com/
Yves Behar	www.fuseproject.com/

FRANÇA

5.5 Designers	www.5-5designstudio.com/
Arik Levy	www.ariklevy.fr/
Bouroullec	www.bouroullec.com/
Cédric Ragot	www.cedricragot.com/
Charlotte Perriand	www.patrickseguin.com/en
Christophe Pillet	www.christophepillet.com/
Ito Morabito	www.ora-ito.com/
Jean Prouve	www.jeanprouve.com/
J. Marie Massaud	www.massaud.com/
Matali Crasset	www.matalicrasset.com/
Phillipe Starck	www.starck.com/
Toni Grilo	www.tonigrilo.com/

HOLANDA

BCXSY	www.bcxsy.com/
Bertjan Pot	www.bertjanpot.nl/
Carbonell Nacho	www.nachocarbonell.com/
Chris Kabel	www.chriskabel.com/
Demakersvan	www.demakersvan.com/
Forma Fantasma	www.formafantasma.com/
François Dumas	www.francois-dumas.com/
Piet Hein Eek	www.pietheineek.nl/es/
Kiki Van Eijk	www.kikiworld.nl/
Maarten Baas	www.maartenbaas.com/
Marcel Wanders	www.marcelwanders.com/
Minale-Maeda	www.minale-maeda.com/
Raw Color	www.rawcolor.nl/
Scholten & baijings	www.scholtenbaijings.com/
Van Lieshout	www.ateliervanlieshout.com/

ITÀLIA

Alberto Meda	www.albertomeda.com/
Andrea Branzi	www.andreabranzi.it/
Antonio Citterio	www.citterio-viel.com/
Fabio Novembre	www.fabionovembre.com/
F. Lanzavecchia	www.lanzavecchia-wai.com/
Giovannoni	www.stefanogiovannoni.com/
Luca Nichetto	www.nichettostudio.com/
Marc Sadler	www.marcsadler.it/
Matteo Cibic	www.matteocibicstudio.com/
Matteo Thun	www.matteothun.com/
Patricia Urquiola	www.patriciaurquiola.com/
Piero Lissoni	www.lissoniassociati.com/

JAPÓ

Naoto Fukasawa	www.naotofukasawa.com/
Hitoshi Makino	hitoshimakinodesign.com/
Oki Sato	www.nendo.jp/
Studio Note	www.studio-note.com/
Tokujin Yoshioka	www.tokujin.com/

PORTUGAL

Felipe	felipeoliveirabaptista.com/
Fernando Brizio	www.fernandobrizio.com/
Joana Santos	www.insidherland.com/
Toni Grilo	www.tonigrilo.com/
Martinho Pita	www.martinhopita.com/
R. João & P. Ferreira	www.pedrita.net/

REGNE UNIT

Anastassiades	michaelanastassiades.com/
Barber & Osgerby	www.barberosgerby.com/
Benjamin Hubert	www.benjaminhubert.co.uk/
Doshi Levien	www.doshilevien.com/
Eileen Gray	www.eileengray.co.uk/
F. Stallard	www.fredriksonstallard.com/
Heatherwick	www.heatherwick.com/
Industrial Facility	www.industrialfacility.co.uk/
Julia Lohman	www.julialohmann.co.uk/
K&C	www.klauserandcarpenter.com/
Martino Gamper	www.martinogamper.com/
Max Lamb	www.maxlamb.org/
Michael Marriott.	www.michaelmarriott.com/
Cocksedge	www.paulcocksedgestudio.com
Peter Marigold	www.petermarigold.com/
Raw Edges	www.raw-edges.com/
Ron Arad	www.ronarad.co.uk/
Simón Hasan	www.simonhasan.com/
Simón Heijdens	www.simonheijdens.com/
Tom Dixon	www.tomdixon.net/
Tord Boontje	www.tordboontje.com/

SUÈCIA

Erik Olovsson	www.studioeo.com/
Form us with love	www.formuswithlove.se/
Front Design	www.frontdesign.se/
Monica Förster	www.monicaförster.se/

SUÏSSA

Adrien Rovero	www.adrienrovero.com/
Alfredo Häberli	www.alfredo-haeberli.com/
Big Game	www.big-game.ch/
Jörg Bones	www.joergboner.ch/
Le Moigne	www.nicolaslemoigne.ch/
Moritz Schmid	www. moritz-schmid.com/
Patrick Lindon	www.patrick-lindon.com/
Postfossil	www.postfossil.ch/
Philippe Cramer	www.philippecramer.com/
Tomas Kral	www.tomaskral.ch/

MÈXIC

Christian Vivanco	www.christianvivanco.com/
Francisco Torres	www.torreshanhausen.ch/
Joel Escalona	www.Joelescalona.com/
Jose de la O	www.studiojosedelao.com/
Héctor Esrawe	www.esrawe.com/
Pompa Alarcón	www.davidpompa.com/

POLÒNIA

Aleksandra Gaca's	www.aleksandragaca.eu/
Jan Kochanski	www.jankochanski.com/
Malafor	www.malafor.co/en/
Maja Ganszyniec	www.studioganszyniec.com/
Marcin Rusak	www.marcinrusak.com/
Oscar Zieta	www.zieta.pl/
Krystian Kowalski	www.krystiankowalski.com/
Studio Rygalik	www.studiorygalik.com/

REPÚBLIXA TXECA

Milan Pekař	www.milanpekar.com/
Roman Sedina	www.romansedina.com/
Klára Šumová	www.klarasumova.com/

XINA

Banmoo	www.banmoo.cn/en/
Idee	www.ideebj.com/
Ma Yansong	www.i-mad.com/
Min Chen	www.chen-min.com/
Mushitiangong	www.mushitiangong.com/
Neri & Hu	www.neriandhu.com/
Naihan Li	www.naihanli.com/
Pinwu	www.pinwu.net/
Zhang Zhoujie	www.zhangzhoujie.com/

1.9. Fires

A continuació es llisten alguns esdeveniments de referència amb el mes durant el qual solen realitzar-se.

— **SurMueble,** Sevilla (gener).

— **Bilbao Mueble.** Bizkaia (gener).

— **Maison des object.** París (gen/set.).
www.maison-objet.com/

— **IMM Cologne.** Alemanya (gener).
www.imm-cologne.com/

— **Stockolhm Design Week** (febrer).
www.stockholmdesignweek.com/

— **Madrid Design Festival** (febrer).
www.madriddesignfestival.com/

— **CIFF** Guangzhou, Xina (març).

— **FurniTek** Xangai,Xina. (març).

— **Las Vegas Market,** Las Vegas (febrer).
www.lasvegasmarket.com/

— **Ambiente.** Frankfurt, Alemanya (febrer).
www.ambiente.messefrankfurt.com/

— **Melbourne Design Week** (març).

— **11 Biennale Design Saint-Étienne** (abril).
www.biennale-design.com/

— **Fira del moble de Milà,** Itàlia (abril).
www.salonemilano.it/

— **ICFF.** Nova York, Estats Units (maig).
www.icff.com/

— **Clerkenwell,** Londres (maig).
www.clerkenwelldesignweek.com/

— **BDW.** Barcelona (juny).
www.barcelonadesignweek.com/

— **Design Basel,** Suïssa (juny).
www.designmiami.com/

— **NeoCon Chicago,** Estats Units (juny).
www.neocon.com/

— **Design Parade,** Villa Noailles (juliol).
www.villanoailles-hyeres.com/

— **London Design Festival** (setembre).
www.londondesignfestival.com/

— **4 Istanbul Biennial,** Turquia (setembre).
www.aschoolofschools.iksv.org/

— **Furniture China Shanghai** (setembre).
www.furniture-china.cn/es/home

— **Feria Hábitat Valencia** (set.).
www.feriahabitatvalencia.com/

-**Vienna Design Week** (octubre).
www.viennadesignweek.at/

-**Orgatec. Koelnmesse,** Colònia (octubre).
www.orgatec.com/

— **26 Biennial of Ljubljana** (octubre).
www.bio.si/en/

— **SICAM** Pordenone, Itàlia. (octubre).

— **Biennal Interieur,** Bèlgica (octubre).
www.interieur.be/

— **Dubai Design Days** (novembre).
www.designdaysdubai.ae/

— **Equip Hotel,** París (novembre.).
www.equiphotel.com/

Ja no es celebren:
— Promosedia. Udine (32a, 2008).
— DMY Berlin (14a, 2016).
— Tokio Design Week. Japó (32a, 2016).

2. El disseny de mobiliari

En aquest apartat s'aporta un marc teòric, en el disseny de mobiliari, assenyalant el nom dels pioners, la forma en la qual es poden ordenar i classificar les diferents tipologies, les particularitats en el disseny de col·leccions, programes i sistemes, els valors afegits i aspectes legals de les diferents formes amb les quals treballa el dissenyador i algunes referències pel que fa normatives.

El disseny de mobiliari inclou un àmbit molt extens, en el qual es desenvolupen de manera específica les pràctiques professionals que configuren el que era un ofici: moblista o dissenyador de mobles.

Un ofici que treballà pels castells, pels palaus, per la burgesia i, més recentment, per la gent. per la gent. La història del moble neix al neolític, però el moblista era considerat un artesà durant l'edat mitjana i poden buscar les imatges dels primers mobles a través d'il·lustracions de Jacques Androuet du Cerceau i Hans Vredeman de Vries, però no podem considerar el primer moblista fins a l'«ebenista del rei»: André Charles Boulle (1642-1732). Després destaquen molts artistes, artesans i *cabinet-makers*: Thomas Chippendale (1718 – 1779), George Hepplewhite (1727–1786), Jean-Henri Riesener (1734–1806), Thomas Sheraton (1751-1806), Duncan Phyfe (1768-1854), Thomas Hope (1769-1831), Karl Friedrich Schinkel (1781–1841), Augustus Welby Northmore Ougin (1812-1852), William Morris (1834-1896), Michael Thonet (1796-1871). Convé destacar també el moviment dels shakers.

A Catalunya durant els Modernismes, les arts aplicades tingueren la seva representació a través dels moblistes o decoradors com Francesc Vidal i Javellí (1848-1914), Gaspar Homar (1870-1953), Joan Busquets i Jané (1874-1949), Joan Busquets i Cornet (1845-1915) i Antoni Gaudí (1852-1926).

En el segle XIX destaquen les aportacions en aquest sector d'Edward William Godwin (1833-1886), Charles Francis Annesley Voysey (1857-1941), Henri van de Velde (1863-1957), Josep Maria Olbrich (1867-1908), Charles Rennie Mackintosh (1868-1928) i Richard Riemerschmid (1868-1957).

En el segle XX destaquen les aportacions de Peter Behrens (1868-1940), Josef Hoffmann (1870-1956), Frank Lloyd Wright (1867-1959), Eileen Gray (1878-1976), Gerrit Rietveld (1888-1964), Charlotte Perriand (1903-1999), Pierre Jeanneret (1896-1967), Alvar Alto (1898-1976), Jean Prouvé (1901-1984), Carlo Mollino (1905-1973), Arne Jacobsen (1902-1971), Marcel Breuer (1902-1981), Finn Juhl (1912-1989), Hans Wegner (1914-2007), Mies van der Rohe (1886-1969), Pierre Chapo (1927-1987), Pierre Paulin (1927-2009), Charles i Ray Eames (1940 -1978).

A nivell contemporani, destaquen les figures d'Ettore Sottsasss Ettore Sottsass (1917-2007), Achile Castiglioni (1918-2002), Vico Magistretti (1920-2006) i Dino Gavina (1922-2007).

A Catalunya van ser els arquitectes racionalistes els responsables de moblar els habitatges i fer les seves aproximacions. Arquitectes com Antoni Bonet i Castellana (1913-1989), Josep Torres Clavé (1906-1939) abans de la Guerra Civil i després a la postguerra, Antoni de Moragas i Gallissà (1913-1985) i José Antonio Coderch (1913-1984).

El disseny de mobiliari té unes particularitats que la diferencien d'altres especialitats de disseny. Exigeix el coneixement d'un llenguatge i unes referències pròpies que s'han anat desenvolupant i depurant al llarg del temps i que permeten resoldre amb solvència els objectes que configuren l'entorn domèstic o laboral.

El mobiliari inclou un conjunt de mobles d'una casa, d'una cambra o de l'espai públic. El mobiliari urbà és un tipus de mobiliari viari especialment indicat per a zones urbanes que sol tenir consideracions contextuals i de resistència específiques.

Les peces de disseny de mobiliari es poden trobar en diferents publicacions seguint diferents criteris de classificació:

— **Cronològic:** Es poden trobar ordenades per l'evolució dels mobles de forma temporal. Es classifiquen a partir de l'any, la dècada, l'època o l'estil.
Per exemple, la publicació de Charlotte i Peter Fiell de *1000 chairs* de Taschen.

— **Concepte:** Els mobles es classifiquen o s'agrupen segons els que persegueixen el mateix concepte.
Per exemple en *Oracles du Design* de Li Edelkoort s'ordenen segons naïf, mutant, arcaic, orgànic, inflat, entre d'altres.

— **Marca:** La majoria d'empreses ordenen els seus catàlegs i també es pot trobar aquesta manera de classificar els mobles en publicacions especialitzades. *Officiel 1000 Models* fa una selecció de les peces més importants cada any.

— **Tipologia, morfologia o terminologia:** Els catàlegs o els principals punts de venda de producte normalment odenen per tipologies o seccions.
En *Glossari del moble* de Santiago Pey s'ordenen elements de forma tipològica: ampoller, andròmina, arqueta, arquibanc, arquimesa, bancada, bancal, banquet i banqueta, bastidor,etc. La revista *Dirty Furniture* s'especialitza en monotemàtica a través de la tipologia de producte com també fa la revista *Inventario* o la revista *Colors*.

— **Parts del moble:** Un producte de mobiliari es pot descomposar en parts d'un problema, en les unions, les entregues, etc
A *Taxonomy of Office Chairs* de Jonathan Olivares s'ordenen les cadires d'oficina segons la seva construcció (suport cap, braços, espina dorsal, sistema de pujar i baixar...).

— **Valor afegit:** Els mobles també es poden classificar segons allò que suma o aporta, aspectes tangibles i intangibles. En la publicació de l'exposició del Museu del Disseny de Barcelona de la primera planta «Del Món al Museu» s'ordenen els productes en pioners, personalitzats, artesanals, ergonòmics, funcionals, populars, entre d'altres categories.

— **Preu:** Es poden trobar informacions relatives al preu a les pàgines webs dels fabricants o a botigues i distribuïdors.
Per exemple, la pàgina web d'Archiproducts o Domestico i a l'apartat de punts de venda (1.5).

— **Autor:** És molt comú trobar publicacions específiques ordenades per autors de mobiliari. *Taschen Icons, El Disseny del Segle XXI*.

— **Àmbit o localització:** Els productes poden ordenar-se segons l'espai de la casa que ocupen, hi ha sectors concrets com el de mobiliari de cuina, de bany o d'oficina.

— **Material o procés de producció:** Els materials també són importants en determinar les innovacions en mobiliari.
A *Diseño del Mueble* de Blume s'ordenen en metalls, plàstics, fustes, miscel·lània, entre d'altres categories.

A continuació es dona protagonisme a l'importància que tenen les tipologies en la definició del projecte:

Sillas viejas, sillas de madera, sillas rotas, sillas tapizadas, sillas fijas, sillas giratorias, sillas recicladas, sillas pintadas, sillas de anónimos, sillas diseñadas, sillas plegables, sillas laterales, sillones, sillas apilables, sillas de café, sillas para auditorio, sillas de color rojo, sillas de cuero, sillas de la cocina, sillas de comedor, sillas de oficina, sillas de la escuela, sillas para niños, sillas de peluquería, sillas de playa, sillas hinchables, sillas de jardín, sillas altas, sillas bajas, sillas cómodas, sillas feas, sillas ligeras, sillas pesadas, sillas de brillantes, sillas de ruedas, sillas musicales, sillas eléctricas, sillas de fibra de vidrio, sillas de madera contrachapada, sillas producidas en masa, sillas italianas, sillas egipcias, sillas antiguas, sillas modernas, sillas posmodernas, sillas suaves, sillas duras, sillas reclinables, sillas de alta tecnología, sillas de baja tecnología, sillas baratas, sillas costosas, sillas basculantes, sillas monocasco, sillas de biblioteca, sillas de caña, sillas icónicas, sillas de extraños, sillas robadas, sillas encontradas, las sillas de los demás y las sillas de Rietveld.

100 Chairs in 100 Days and its 100 Ways. (2012)
We love chairs, Michael Mariott.

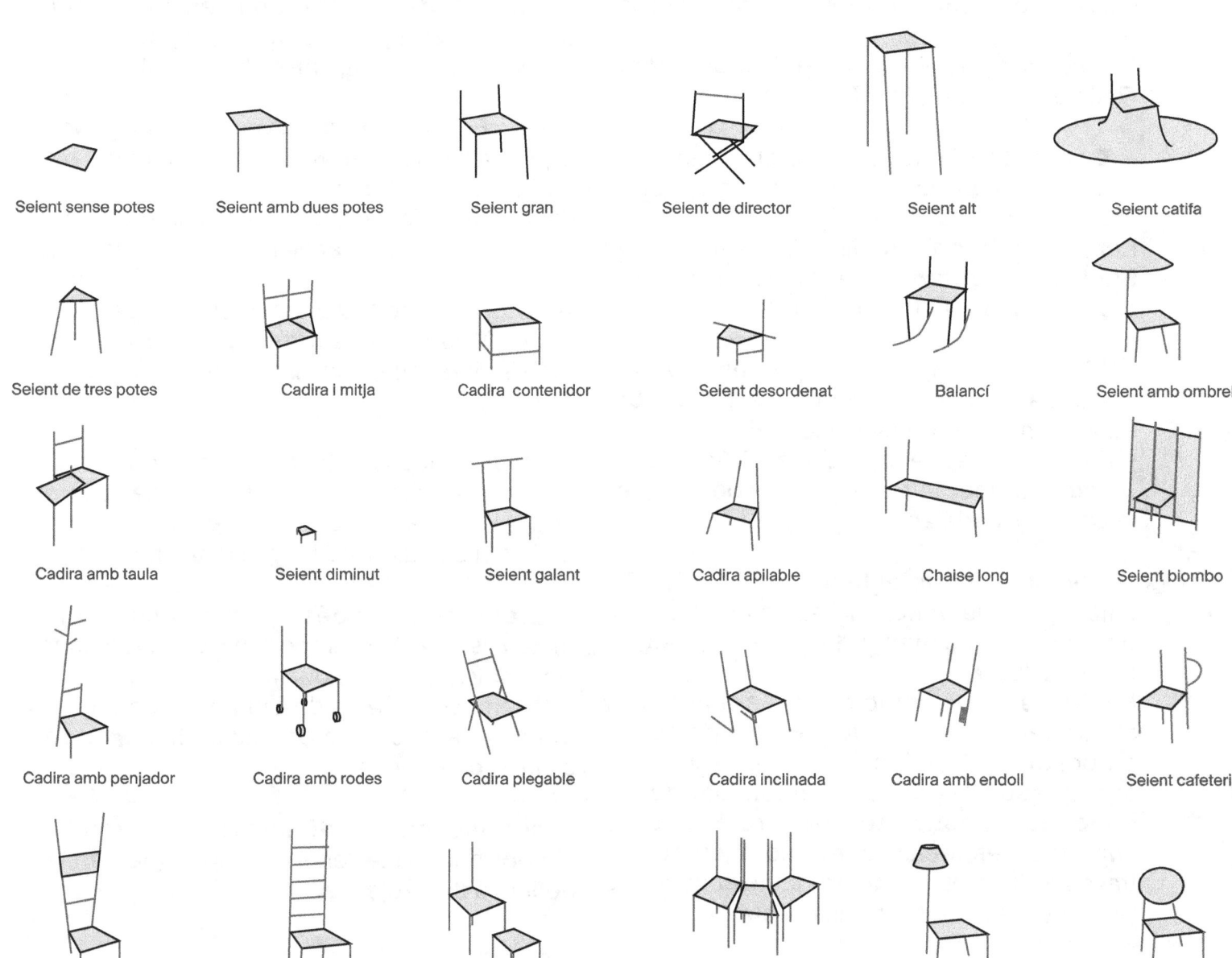

2.1. Tipus de mobles

Les tipologies en el disseny de mobiliari ens ajuda a classificar, esteriotipar i ordenar les possibilitats de dissenyar, proposar i comercialitzar un gran nombre de peces.

Les tipologies s'utilitzen com a arquetips per referir-se als ideals de la memòria col·lectiva, però també s'utilitzen per ordenar un catàleg d'un fabricant, si s'entra a la pàgina web de qualsevol fabricant o botiga s'ordenen el producte per cadires, sofàs, taules o armaris, entre d'altres.

És bo entendre quines són les tipologies, entendre com un editor s'especialitza i enriqueix el seu catàleg i veure les oportunitats que pot oferir cada tipologia, veure l'evolució al llarg del temps i trobar noves i velles tipologies i actualitzar-les.

A continuació, es pot veure una selecció de les principals tipologies. Es recomana buscar tipologies antigues a través del glossari que troba al final d'aquesta publicació.

En el projecte *On la memoria solia seure's* es va començar realitzant un estudi de possibilitats que barrejaven tipologies i valors afegits per la cadira de boga, que va permetre trobar la col·lecció de peces de la col·lecció. Es va il·lustrar un esquema com es pot observar en les figura de la pàgina anterior.

A continuació, es fa un breu repàs terminològic de les tipologies principals:

SEIENT

El llatí és la llengua a la qual un s'ha de remuntar per trobar l'origen etimològic del terme «*seient*». I és que és fruit de la unió del prefix *a-*, que significa *cap a*, i del verb «*sedentare*», que pot traduir-se com *sentar*. *Asseure's* és establir-se, en català té un significat més genèric equivalent a «*tot i tot lloc que es pot utilitzar per seure*», a més de tenir un altre significat més restrictiu, com el de «*la cosa o la part de qualsevol cosa o moble que s'usa per seure*», és a dir, on es posa el cul i descansa tot el cos.

Pel que fa al primer concepte pot ser el terra, un marge, una roca, el tronc d'un arbre, etc., és a dir, elements que no necessàriament són mobles. Dins d'aquest grup podem trobar tots aquells tipus de seients en els quals podem desenvolupar activitats diverses (llegir, menjar, treballar), aquest tipus es pot anomenar *seient de comportament.*

L'altra categoria és la que correspon als *assentaments* que es fan servir per seure d'una manera reposada i descansada, per no actuar, encara que estant asseguts també es puguin realitzar d'una manera més relativa algunes altres activitats, però que no requereixin ni esforços ni especial dedicació. Aquesta és la categoria en la qual s'inclou qualsevol seient de repòs.

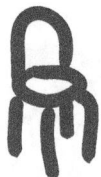

CADIRA

La paraula prové del llatí *sella* (cadira o seient), és un *«seient de comportament»*. L'origen d'aquesta paraula sempre ve evidenciat en la història com un objecte afí i propi del poder, sempre acompanyada d'un personatge d'estament privilegiat.

Hi ha dues formes típiques de cadira. Una d'elles és la que recorda el perfil d'una *h*, forma molt senzilla que queda explicada lògicament per la precarietat tecnològica amb la qual es comptava en l'antiguitat per poder treballar la fusta. D'aquesta manera, queda resolta com un pla horitzontal suportat per altres elements verticals (encara que podien ser també bases massisses), amb els anteriors que arriben al seient i els posteriors que s'estiren i s'uneixen amb llistons, de manera que es crea un respatller.

D'altra banda, existeix un altre tipus de cadires no tan definides amb un arquetip concret, es troben cadires en x o cadires tisora, que procedeixen de les cadires dels administradors de justícia romans i els cabdills militars en campanya, actualment s'utilitza en cadires de jardí, cadires apilables, cadires de braços, cadires de frare i d'altres.

La tipologia ha evolucionat tan a nivell d'elements individuals com col·lectius, a incorporar confort en la butaca i mecanismes en les cadires plegables a perpetuar un espai de moviment com el balancí.

TAMBORET

Adaptació del francès *tabouret*, el sentit modern va aparèixer a principis del segle XVI. Generalment amb seient rodó, el terme es va formar per analogia a partir de *tambour* (tambor), que en frància es deia *tabor*. Sembla que el tambor deu el seu origen al persa *tabir*, a través de l'àrab tanbur. La forma dels tamborets, així com la seva construcció ha variat segons el període i les civilitzacions, per repetir-se en èpoques més distants i en cultures més apartades entre si. De la civilització egípcia es guarden nombrosos tamborets als museus, principalment en el Museu Britànic i en del Caire, uns de tres peus i altres de quatre en forma idèntica a les cadiretes modernes de tisora. D'aquests, l'exemplar més antic que es coneix és potser el descobert pel comte de Carnavon a la tomba de Tutankamon.

Es troben diferents tipus de tamborets, sol ser un seient apte per a una sola persona i s'usa per realitzar alguna cosa, el pla superficial pot ser quadrat, rodó, ovalat o pot quedar reduït a la mínima expressió superficial subjectat mínimament per tres potes, més o menys inclinades per poder aconseguir una millor estabilitat. N'hi ha de molts tipus i no és estrany que es facin servir, pot ser un valuós instrument auxiliar de treball indispensable per a dur terme eficaçment treballs molt diversos, com també per descansar els peus quan s'està assegut en un seient més confortable.
Dins el mateix grup es troben els tamborets de dibuix, de piano i de bar, que es caracteritzen per ser més alts del que és normal, fins i tot algun d'ells és graduable en alçada. El tamboret ha estat una tipologia molt utilitzada en els darrers anys, ja que permet incorporar al catàleg una nova possible línea de col·lecció amb un element molt senzill i econòmic.

Una tipologia com és el tamboret, ha generat moltes exposicions interessants:

— «*Bancs de Brasil*», comissariada per Adélia Borges, és una col·lecció de 55 peces creades pels pobles indígenes, comunitats d'artesans i dissenyadors, de diverses regions de Brasil inaugurada en el Hotel Droog l'octubre de 2012.

— «*Stools at Galeria Kreo*» portada per Clémence and Didier Krzentowski durant 17 anys, el septembre del 2016 va arribar a les 100 exposicions. Consistia en una selecció de peces de: François Azambourg, François Bauchet, Ronan & Erwan Bouroullec, Andrea Branzi, Frenando Brizio, Humberto & Fernando Campana, Pierre Charpin, David Duobis, Rena Dumas, Olivier Gagnere, Elizabeth Garouste, Kopnstantin Grcic, James Irvine, Hella Jungerious, Julia Lohman, Alessandro Mendini, Philippe Million, Jasper Morrison, Andreé Putman, Adrien Rovero, Jersy Seymour, Wieke Somers, Martin Szekely, Michael Young i d'altres.

A continuació es transcriu una part del text de l'exposició:

«*El tamboret, tan a prop del terra, constitueix un ritual de pas, sense cap tipus de reconeixement abans de la prova definitiva de fer una cadira. El tamboret no pot ni reclamar el mateix estatus. Probablement perquè com va dir Le Littré «siège à quatre pieds qui n'a ni bras, ni dos», no aguanta completament el cos de l'esser humà, tan sols la part menys noble: el cul. La història és plena de notoris espècimens com l'Ulm stool de Max Bill i Hans Gugelot, el Butterfly de Sori Yanagi, el Mezzadro de Castiglioni, el Rocking de Isamu Noguchi... El tamboret és un objecte ultrafuncional. És nòmada, assegut en un tamboret un veu diferent. No és un punt de vista diferent quan t'aproximes al terra? L'exposició presenta diferents arquetips amb les seves particularitats: un material, una forma, una lògica...*
El tamboret no és un objecte ordinari. A Àfrica, aquest seient és "una de les articulacions d'un sistema complex de pensament construït sobre els llaços que uneixen la terra, els Déus, els avantpassats, la societat, l'individu; els mites, els ritus, els gestos quotidians; la matèria, l'objecte, la paraula" (Le corps et la chaise, Jean-François Pirson, Metàfores, 1990).
Als palaus, la habitacoió dels taburets és una habitació sense finestres, on només certes persones tenen dret a entrar-hi i el guardià les rep regularment per oferir regals. Els 23 tamborets exposats estan tots en una línia. Una processó mística o una desfilada alegre? El silenci és essencial. El 1965, per exemple, a "Explicant els quadres a una llebre morta", Joseph Beuys es va asseure a un tamboret per explicar el significat de l'art a un animal mort que tenia als braços».

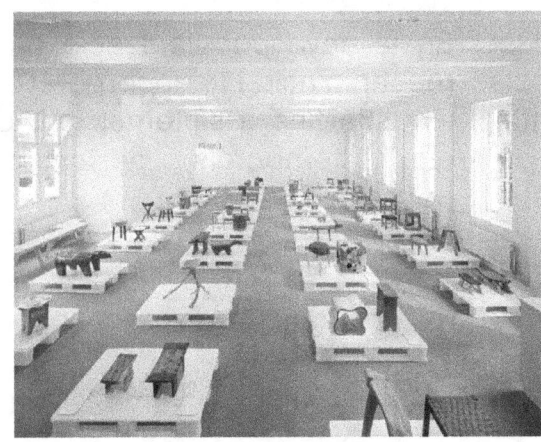

Hotel Droog a Amsterdam, octubre 2012

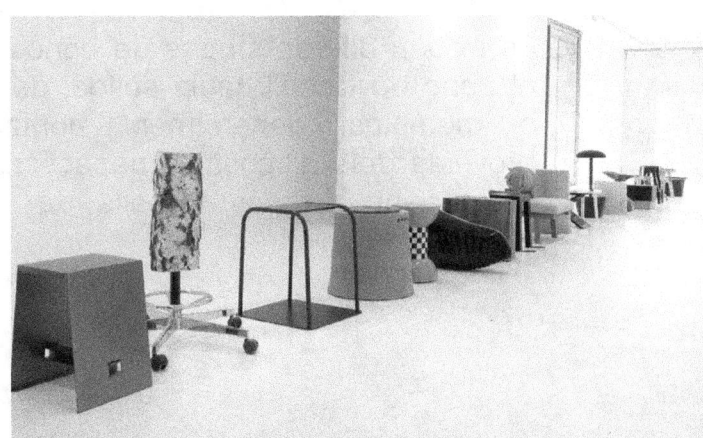

Galeria Kreo a paris, setembre 2007

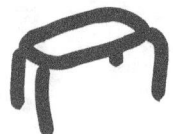
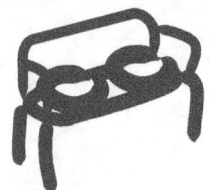

BANC

Un banc és un moble amb un seient estret i llarg, amb respatller o sense, amb braços o sense, pensat perquè hi càpiguen diverses persones. Generalment està fet d'un material dur com la fusta, el ciment el guix o la pedra.

Durant l'edat mitjana, el paper del banc el feien les arques i arcons tan comuns com a mobles d'habitació fins i tot a les sales principals. Fins al segle XIV, el banc va tenir formes molt simples. A partir de llavors, s'adornà com les cadires i sovint es va convertir en sofà afegint-hi petits coixins, matalassets o bases encoixinades, per a fer més tou el seient.

Els bancs, dits públics, són una part important del mobiliari urbà de moltes ciutats, on es distribueixen pels carrers, especialment les places, rambles i passeigs. No delimiten l'espai per persona, com ho fan les cadires o els sofà. Són útils per quan hi ha molta gent, així es redueix l'espai per persona.

Els bancs de pedra s'anomenen pedrissos i solen adossar-se a les parets interiors o exteriors dels habitatges i edificis.

Es troben diferents tipus de bancs, com el banc de treball: taula sòlida, de fusta o metàl·lica, generalment horitzontal, proveïda dels dispositius necessaris per efectuar-hi diversos treballs de fuster, manyà, entre d'altres.

SOFÀ

Seient per a dues o més persones, que té respatller i braços. És un moble col·locat usualment a les sales d'estar de les cases. Acostuma a constar d'una estructura rígida de fusta o metall i folres de tela suau amb coixins.

El sofà és l'evolució del *triclinium* romà i el tron dels àrabs i egipcis, la seva existència està constatada ja en l'antiguitat. En la societat romana, el sofà es trobava en el menjador, conegut com a *triclinium*. Tres sofàs eren col·locats al voltant d'una taula baixa i els homes descansaven mentre menjaven.

El canapé fou dissenyat a finals del segle XVII que no diferia del divan, un seient llarg format per un matalàs posat contra la paret, sobre el terra o sobre una estructura o marc, amb coixins per recolzar-se.

el sofà apareix com l'evolució del banc en l'aparició del confort com el benestar físic. Es generalitza a partir de la revolució industrial i avui dia es lliga invariablement a la vida familiar domèstica i a la cultura de la televisió. Es col·loca sovint davant de la televisió a la cambra d'estar.

En la seva popularització ha sofert una mecanització i ha incorporat sistemes de vibració fins a sistemes per convertir-se en llits temporals o per satisfer vivendes petites.

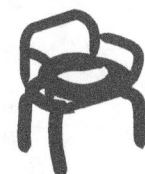

BUTACA

És una cadira de braços de dimensions superiors a les normals, generalment encoixinada i amb el respatller inclinat endarrere. Es tracta d'un sofà per a una sola persona, els seus orígens es remunten al Renaixement quan van aparèixer les primeres butaques tapissades amb alts respatllers, amb possibilitats d'orelles, anomenats orellers i braços.

A França les butaques, s'anomenen *bergère*, en les quals els respatllers i els braços es fan flonjos fins a fondre's en una sola unitat, cada vegada més envolvent, fins a assemblar-se a una petxina i tanca el cos com una closca. Els acoixinats es recobrien de domàs o cretona i s'encoixinaven amb capitoné.

En català el terme es tradueix *butaca* o *sillón* en castellà, també s'utilitza en espais públics com al teatre, cinema.

La tipologia va evolucionar amb els pufs, el moble de relax o la màquina de repòs, *les chaise longue*, les tumbones i les variacions com la butaca d'orelles que presenta a banda i banda amples vores encoixinades que permeten de recolzar-hi el cap.

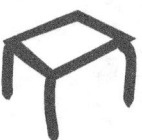

TAULA

La paraula *taula* prové del llatí *tabula* que significa «*taula per a menjar, per a sacrificis*». Es tracta d'un moble compost d'un taulell horitzontal llis i sostingut a l'alçada convenient, generalment per una o diverses potes, per a diferents usos, com escriure, menjar, entre d'altres.

Una taula és una peça que pot ser de fusta o d'altres matèries dures, planes i més ampla que gruixuda.

Podem trobar diferents taules:
— Taula camilla: taula amb un bastidor per a col·locar un braser al centre.
— Taula llibre: taulell que es plega pel mig, es gira per ocupar la meitat de l'espai.
— Taula extensible: taula amb taulell partit per la meitat sobre rieils, permetent apmpliar-se en situacions excepcionals.
— Tauleta auxiliar: taula de petites dimensions que s'utilitza per a posar objectes de forma temporal, pot situar-se en un passadís, racó o junt a butaques.
— Tauleta de joc: taula amb tapet que s'utilitza per a jugar a les cartes. Pot tenir calaixeres per guardar les cartes, fitxes o cendrers incrustats.
— Taula de despatx o escriptori: taula ampla i de bona qualitat utilitzada per a feines de despatx. Pot tenir calaixos.
— Taula d'ordinador: moble pensat per col·locar l'ordinador i perifèrics en una repisa inferior.
— Tauleta de nit: moble petit, amb calaixos, que es col·loca al costat del llit.

Tipològicament hi han amb un peu central, amb dues potes, amb tres en forma de trípode, amb quatre potes, amb un suport escultòric, com a tauletes niu, amb mecanismes o amb la possibilitat de transformar-se en safata, entre moltes opcions.

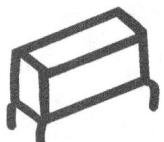

CONTENIDOR

L'arca és una caixa com un bagul o cofre, recoberta sovint de pell amb pany per tancar-la i està destinada a aconduir-hi roba i altres efectes per guardar-los o transportar-los. Aquest moble va ser l'origen de l'armari. Les contínues migracions i guerres van requerir mobles fàcilment transportables. Amb la invenció de la frontissa, l'aparició de la porta i més tard la introducció del calaix es van poder realitzar tot tipus de mobles contenidors. La tipologia va mutar a l'aparador, secreter o escriptori en el saló, el rebost, la pastera o credença al mejador, passant pel bufet i finalitzant amb la còmoda en la sala d'estar. La credença era una tauleta amb armariet on hom posava els objectes que calia tenir a mà per al servei de taula.

El barguenyo era una arquilla amb calaixos muntada sobre una base anomenada *de peu de pont*, composta de dos parells de columnes tornejades, unides per una trava amb arcuacions.

ESCRIPTORI

Aparegué com un moble contenidor destinat a escriure-hi, el treball de gestió, anomenat *bureau*, una taula amb calaixos per guardar-hi papers i documents, els estris d'escriure, etc., al damunt de la qual sol haver-hi una grada o petita prestatgeria amb compartiments i podia estar al dormitori o en un passadís.
Aquest moble ha tingut diverses denominacions, com com *secreter* a França, *scribanne* a Holanda, i va ser treballat per fusters i interpretada incorporant plans inclinats, sobres abatibles i una sèrie de calaixos i departaments, alguns de secrets, per guardar-hi coses de valor.

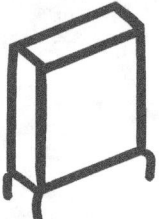

ARMARI

És l'evolució de girar una arca i posar-la en vertical, així va apareixer l'armari. També es va introduir aquesta tipologia en una altra estança: va passar del menjador a l'habitació. És sovint un moble alt amb portes a dins hi ha prestatges, penjadors, calaixons... Està destinat a guardar-hi llibres, roba, paraments de cuina o de taula, etc.
N'hi ha de diferents tipus: armari mirall, trèmol o de lluna, armari raconer, armari rober i armari amb dalts o amb sobrecòs.

CÒMODA

Una calaixera o còmoda és un moble, generalment més ample que alt, acabat en un tauler horitzontal per la part superior i que conté tres o més calaixos, generalment un sobre l'altre i que que solen ocupar ocupen tota l'amplada del moble.
Sol estar emplaçat en un dormitori i s'empra per desar-hi roba, però també es pot trobar en altres llocs de la casa, on es fa servir per a desar altres coses. Antigament a Catalunya, les calaixeres domèstiques solien portar el sobre de marbre i sovint portaven un mirall també. Aquest tipus de moble també es denomina xifonier.

LLIT

El llit ha deixat de ser un moble, ja que actualment tan sols és el suport, el somier, un capçal de llit i una tauleta. Però en l'antiguitat era un microespai, un microambient tancat que podia estar equipat com un pavelló amb tancaments, domassos, cubertes, coixins, pagodes, escultures... És un moble destinat a jeure-hi, dormir-hi, però també a llegir-hi, estudiar-hi o treballar-hi.

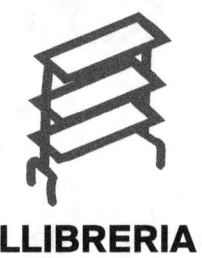

LLIBRERIA

No va ser fins a l'època medieval quan es va destinar un moble per a la conservació de llibres. En les grans biblioteques es va introduir el concepte d'estanteria oberta mentre que en algunes cases destinaven tota una habitació a l'emagatzematge de llibres.

Es van introduir llibreries amb pilastres, columnes, amb tancaments de portes per evitar la penetració del pols. Al principi es van utilitzar reixes per visualitzar els llibres i posteriorment vidres. La llibreria ha perdut les seves connotacions tradicionals d'armari per viure en un sistema que actualment treballa a partir de mòduls.

N'hi ha de diferents tipus: llibreria giratòria, horitzontal, de diversos sectors, desmuntables, fixades, de centre, com a divisora d'espais.

DIVISOR D'ESPAIS

Un separador d'espais o biombo neix com a protecció pel vent, però s'utilitza en l'actualitat com a divisor d'espais. Utilitza un o més bastidors coberts de pell, tela o d'altres. Serveix per a resguardar de l'aire, per a establir una separació dins d'una habitació, com a escut, protector d'intimitat en espais diàfans i lofts, per a separar estances que són molt grans o com a panell acústic per realitzar reunions en oficines.

Com a tipologia el divisor d'espais ha mutat, des del seu origen, amb els biombos, apareguts a la Xina a la dinastia Zhou, com a panells de fusta massissa sobre un sòcol pintat, lacat o decorat. També han passat a ser panells que es fan plegables, de sobretaula, mòbils o que estan penjats del sostre.

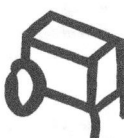

MOBILIARI AUXILIAR

Denominaríem complements o elements auxiliars, algunes empreses s'hi refereixen com a *miscel·lània*, els productes de decoració o altres productes que poden estar dins i fora de la categoria del disseny de mobiliari o del propi accessori. Es pot trobar des d'un reposapeus, un galant de nit, un topall de porta... A continuació, es denominen alguns elements que encara es mantenen com a tipologies en diferents catàlegs:

CARRO
Conegut com a carro del menjar, és l'evolució del moble bar, pot tenir rodes i permet transportar els elements de la cuina al menjador o actuar com a element de suport per deixar-hi el parament de taula i licors.

PENJADORS
Coneguts com a penja-robes, poden trobar-se de forma individual, de paret o amb una base. s'utilitzen per a penjar-hi peces de roba.

PARAIGÜER
Moble fet expressament per posar-hi els paraigües o bastons. Se solen situar normalment al rebedor, a l'entrada dels habitatges o al vestíbul o punt d'entrada de locals.

ESCALA
Sol ser una escala auxiliar o tamboret amb esgraons, format per dos taulers de fusta que tenen taulers travessers formant els graons.

MIRALL
Superfície llisa i molt reflectora que, per reflexió dels raigs de llum, dona imatges clares dels objectes.

2.2. Col·lecció de mobiliari

Una col·lecció és una agrupació de coses d'una classe que constitueix un conjunt coherent.

Una col·lecció està formada per un conjunt de peces que han de ser seleccionades, triades i proposades per algú, anomenat el dissenyador de la col·lecció.

Les peces han de tenir sentit conceptual, objectual i funcional de tant de forma individual com en grup. La conceptualització de col·leccions és indispensable en els diferents àmbits en els quals treballa el disseny: disseny gràfic, d'envasos i embalatges, de senyalística, producte, accesoris i complements de moda. En el disseny de mobiliari existeixen col·leccions en els principals sectors de restauració, oficina, mobiliari.

Un exemple són les cadires de Marcel Wanders, fins a cinc butaques, cadascuna amb el seu caràcter, però amb tocs formals que les fan reconeixibles i familiars.

Els termes de *col·lecció*, *família*, *sistema* o *programa* poden de vegades utilitzar-se de forma sinònima, tot i així mostren diferències.

En el disseny d'una col·lecció es tracta de crear una sèrie de regles no escrites, la construcció d'un ADN. El disseny de col·leccions de mobiliari té un conjunt de característiques i avantatges:

— Donar coherència, visió de conjunt i connectar un grup de tipologies diferents.

— Fer tots els productes d'una família més comercials, provocant així un desig d'adquirir totes les peces de la col·lecció.

— Donar més prestacions i/o funcionalitats per satisfer més escenaris o situacions.

— Estandaritzar productes i processos: si les famílies es creen a partir de sistemes, solen intentar compartir components, reduint el nombre de referències de peces i abaratint la col·lecció.

— Maximitzar les solucions: Intentar obtenir el màxim de solucions en el màxim de situacions amb el mínim de recursos i la mínima inversió de diners.

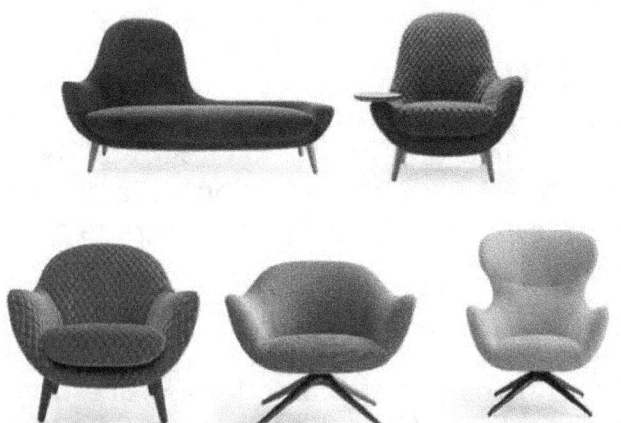

«*Mad Collection*», Marcel Wanders // Poliform
«*Va començar amb una cadira desenfrenada que ha crescut en una col·lecció total que posa als límits l'artesania italiana en un disseny versàtil. Assegut a la Mad Joker Chair, es té una experiència d'una peça icònica. És més petita que el típic oreller. Aquesta meravellosa cadira pot adaptar-se a nombrosos espais, és molt confortable rodeja i permet a l'usuari sentir una privacitat*».

Una col·lecció està formada per un conjunt d'elements que poden conviure junts, sols o per separat, la seva principal funció és la de tenir una força comercial superior.

La seva voluntat és augmentar la venda, fent una venda unitària o del conjunt de tota la col·lecció. Així es donen més alternatives a l'usuari i es comercialitzant més productes del productor i es fan arribar més propostes a l'usuari o prescriptor.

Una col·lecció, és la creació d'un parc objectual, a continuació es veuen diferents recursos per tal de generar el paisatge d'una col·lecció:

CONCEPTUAL
Una col.lecció com qualsevol projecte, té una intencionalitat. És el resultat d'un objectiu comercial, funcional i estètic. Sol tenir una referència conceptual, una font d'inspiració no evident o un significat.

FORMAL
El caràcter de control volumètric de les formes proposades que poden tenir diferents caires però resultar familiars, semblants o connectades per la naturalesa de la seva forma.

FUNCIONAL
Correspon a la resolució d'una necessitat en un mateix camp, ambient, context o simplement el recurs que les peces puguin encaixar, apilar-se, connectar-se i desconnectar-se.

VISUAL
El color és sempre el resultat d'una textura del material o de l'acabat superficial d'aquest. És un dels recursos més utilitzats per tal de formalitzar una col·lecció, no es tracta de pintar totes les peces amb el mateix color, sino saber implementar tres o quatre colors en els elements de tal manera que es noti una connexió no evident.

MATERIAL
Un altre recurs és el d'aplicar el mateix material a un conjunt d'objectes, de vegades fruit de la seva naturalesa de producció. Una col·lecció pot tenir nombrossos materials, combinant-los entre sí, elaborant un joc entre les diferents peces que pugui ajudar a establir relacions visuals.

ESCALA
El recurs més evident, simple, és el canvi d'escala, és fruit d'una sol·licitud, d'una necessitat davant d'un contenidor d'emmagatzemar diferents formats i dimensions. En el reescalat dimensional cal entendre molt bé que no és el resultat d'una operació d'un programa informàtic, sinó d'ajustar unes proporcions.

DETALLISTA
El detall pot ser la resolució d'una entrega, el redondeig, l'acabat entre l'objecte i el terra, un diàmetre, un gruix o una petita marca que es repeteixi en tots els elements. Com deia Oscar Wilde: «El detall és l'única cosa important».

Construcció d'una família

La família és una unitat formada per un grup d'elements lligats entre ells per relacions d'afinitat. Per tal de generar aquestes relacions s'estableixen uns punts de connexió visibles i invisibles que fan que es produeixi una relació entre el parc d'objectes. La connexió és fruit d'un conjunt de recursos, de vegades evidents i de vegades inexplicables. La família se la pot identificar a través d'un conjunt de valors, que doten als materials i que fan que es reconeguin o s'agrupin sota unes mateixes intencions.

A continuació, es mostren recursos o valors que poden ajudar en la creació d'una família de mobiliari. De vegades una col·lecció conté fins a tres valors o recursos o de vegades en té un que sobresurt de la resta.

VALOR CONCEPTUAL

Les col·leccions poden nèixer de moltes maneres. La conceptualització pot partir d'una abstracció intel·lectual de les característiques o notes essencials d'un element físic o ideal. Les peces contenen una inexorable intencionalitat que està per sobre de cada objecte per separat. S'obté a partir de:

— Plantejar una estratègia per generar un objecte que comunica, que és aparent.

— Crear una llei que es determina en cadascuna de les peces, un teorema, una teoria aplicada.

— La construcció d'una relació d'apilabilitat entre els elements o la formació d'un bloc amb el seu conjunt.

— El concepte de l'ADN pot ser la deconstrucció, deformació o l'equilibri i que es manifesti en totes les peces.

El valor conceptual pot definir-se com la claredat amb què un conjunt de peces segueixen un mateix concepte. La majoria de projectes tenen aquest valor, alguns de forma molt clara, per exemple l'estètica d'una situació, que remet a l'origen de la seva inspiració, com aconsegueix la col·lecció «Winter Arrives» de Out of Stook.

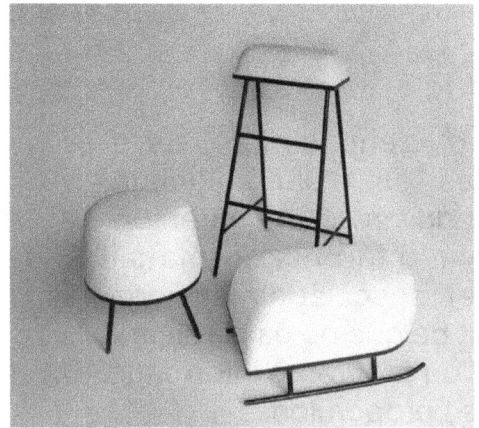

«Winter Arrives», Out of Stock
La interpretació de la sensació de la neu sobre elements que recorda la creació del fenomen natural. «Ens recorda i fascina descobrir quan ens aixequem un matí d'hivern, veure com s'acumulen capes de neu en objectes que ens hem deixat a l'exterior».

VALOR SIMBÒLIC

El valor simbòlic pot ser un símbol o arquetip, purament narratiu, emocional, decoratiu o simplement comunicatiu.

El símbol és un objecte que s'utilitza per a representar una idea, un concepte o un altre objecte, per exemple, generar una col·lecció de 50 cadires que segueixen el llenguatge del còmic, incorporant matisos de personatges a les cadires, els símbols donen coherència i un aspecte de conjunt a la col·lecció.

VALOR FORMAL

La forma és un llenguatge basat en el control de la geometria o de les relacions proporcionals. Un llenguatge que parla en diverses dimensions i s'entén com una llengua.

La majoria de famílies persegueixen aquest valor unitari des de l'aspecte, simplement per la seva part exterior. No es tracta d'escalar el producte, es tracta de dotar de caràcter cadascuna de les parts segons un patró definit, en el control de petites geometries, mantenir una particularitat, un joc volumètric... Les formes proposades poden tenir diferents caires però resultar familiars, semblants o connectades per la naturalesa de la seva forma.

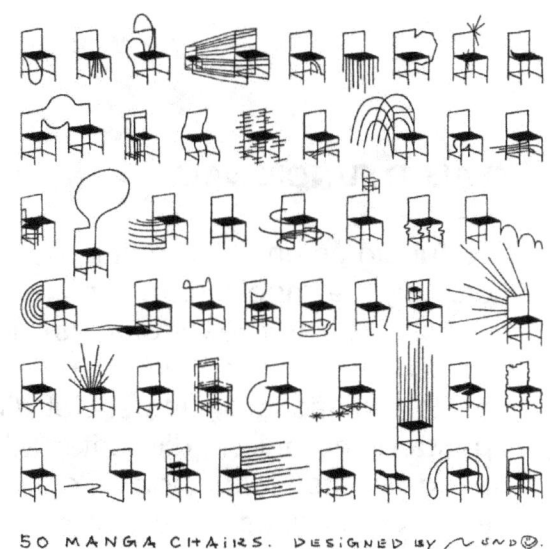

«50 Manga Chairs», Nendo
L'expressió amb un punt d'abstracció, Nendo proposa una col·lecció de 50 cadires com a resultat de l'adaptació de la naturalesa simbòlica dels còmics manga al disseny de mobiliari. Per exemple, un globus de diàleg o una línia d'efecte s'afegeixen a l'objecte per tal de visualitzar un so o una acció. Símbols emocionals com suor o llàgrimes donen un sentit i caràcter al concepte.

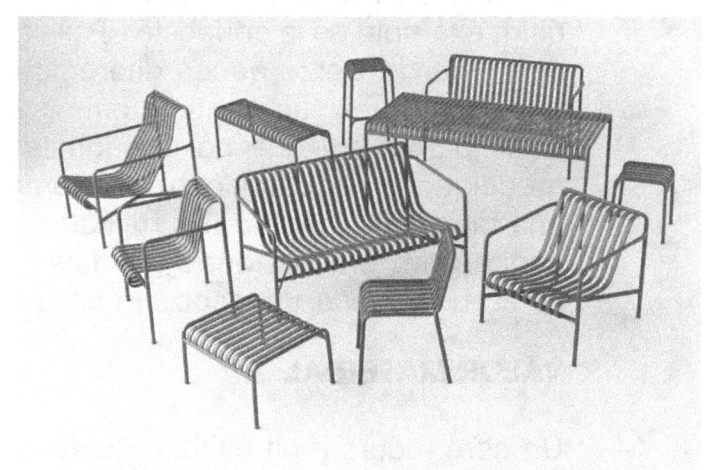

«Pallissades collection», Bouroullec, Hay
Contràriament al que significa el seu nom, *barrera*, la col·lecció obre perspectives més enllà del territori de les barricades. La línia de mobiliari està ideada per a exteriors i demostra l'experiència de les línies balancejades dels seus creadors. El treball respira mentre reté una rigiditat formal. Ambdues qualitats són traduïdes i contradictòries per la fluïdesa de les seves corbes, la circulació de la llum permet una ventilació de les seves línies, la variació del gruix i la nuesa de la seva paleta de color. Sedueix per la seva lleugeresa i sòlida noblesa o fonament clàssic. Una ubiqüitat desitjada és afegida a una inequívoca temporalitat i origen espacial. És la veritable gràcia d'una clara composició, que pot transformar una moda en un comunicat immutable.

VALOR FUNCIONAL

La funció és un valor molt important en el disseny de mobiliari, la funció està molt relacionada amb les tipologies que treballa una col·lecció. Una col·lecció pot formar-se de la modificació substancial d'una part petita d'un conjunt, d'intentar adaptar-se a diferents situacions o posicions ergonomètriques, de comprendre l'àmbit o ubicació on es col·locaran les peces, determinar les accions que s'hi donaran a terme. La col·lecció «Dala» proposa vuit tipologies o categories de producte, la col·lecció «Lofoten» proposa un arxipèlag format per quatre tipologies. La idea és sempre la d'adaptar-se al màxim de situacions i brindar un màxim ventall de funcions que permeten poder combinar les possibilitats i resoldre molts escenaris. Un últim exemple és la col·lecció «Pallisade», es tracta de tretze peces diferents però que segueixen un mateix patró, unes línies paral·leles, que no són iguals i es modifiquen per a cadascun dels elements: una taula, dos tamborets, una cadira, una cadira amb braços, dues gandules, tres sofàs, dos bancs, un recolza peus, etc.

VALOR MATERIAL

Un altre recurs molt evident és aplicar el mateix material a un conjunt d'objectes, de vegades fruit de la seva naturalesa de producció. Una col·lecció pot tenir nombrosos materials, combinant-los entre si, elaborant un joc entre les diferents peces que pugui ajudar a establir relacions visuals. El material seleccionat o el procés de producció o l'acabat d'aquest procés pot donar uniformitat i ser un recurs que es pot implementar a la col·lecció.

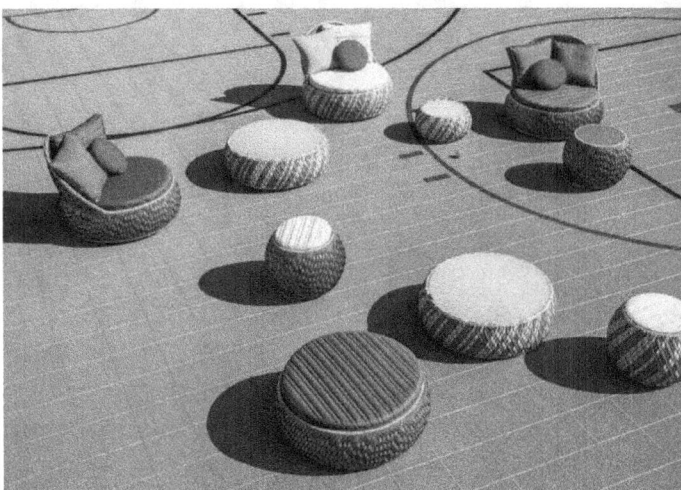

«Dala», Stephen Burks, Dedon
Està inspirada en l'artesania i els seients improvisats dels països menys industrialitzats. Superfície i estructura harmonitzen en una versàtil col·lecció de Stephen Burks, en la qual cada peça comença com una malla d'alumini revestida de pintura en pols a través de la qual els mestres trenadors de Dedon engalzen filaments colorits de la fibra. La col·lecció està formada per una butaca baixa, dos tamborets, taula de centre, dos seients, dues taules auxiliars, un sofà illa i diferents testos.

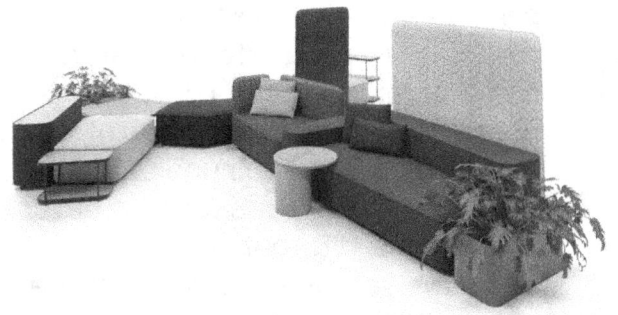

«Lofoten», Nichetto Studio, Casamania
Anomenat com una regió de la costa del nord de Noruega, «Lofoten» és un sistema de mobiliari, les peces del qual s'adjunten en petites illes que conjuntament formen un arxipèlag. Comprenen una varietat de seients, prestatgeries, taules i testos. «Lofoten» pot ser personalitzat per les especificacions del mateix usuari, i així es crea una àrea multifacètica que mescla formes eclèctiques amb una estètica unificada. Una sèrie de panells acústics com a respatllers que poden utilitzar-se per dividir en una sèrie d'espais discrets.

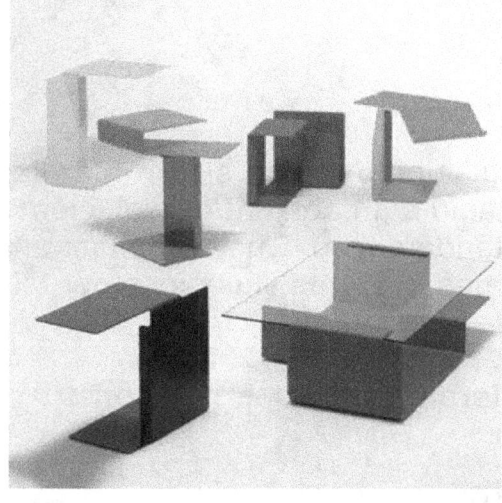

«Diana side», Konstantin Grcic // Classicon
S'adapten a moltes situacions. Com un caràcter tipogràfic, aquestes taules són el resultat del treball repetit i atencions amb el negatiu i el positiu. Cada línia, cada radi, cada superfície va ser examinada una vegada i una altra en termes de proporció i forma. La funcionalitat adherida de les particularitats que doa cadascuna de les superfícies proposa diferents funcionalitats. Aquest tipus de treball no està basat en cap sistema particular. L'únic factor decisiu és l'ull subjectiu del dissenyador, la seva intuïció i les seves aportacions en l'espai domèstic.

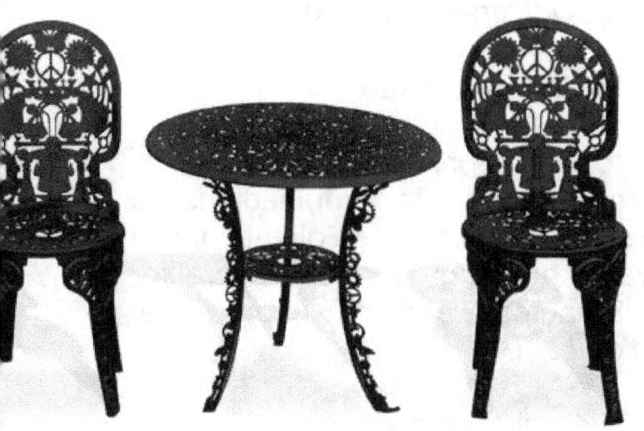

«Rock and Roll», Studio Job // Seletti
És una col·lecció de mobiliari exterior interpretant les cadires *híper-kitsch* de ferro fos amb alumini d'exteriors. Realitzen una taula i una cadira de diferents colors, amb braços i sense.

VALOR GRÀFIC

El valor gràfic seria el que vol transmetre l'objecte de vegades amb aplicacions de textures o gràfiques intencionades. Sol tenir un valor comunicatiu però és la part més fàcil de realitzar de les col·leccions, coneguda per il·lustradors i per artistes. Tothom pot veure les creacions d'Agatha Ruiz de la Prada amb els seus colors i cors, les escultures de Jaume Plensa. Fàcilment es reconeix l'estil decoratiu holandès del Marcel Wanders present en tots els seus productes com a estil decoratiu —evident en la col·lecció «Marcel Wanders for M&S» del 2010–, el gest de Ron Arad en conversació amb Gijs Baker per generar gerros d'una paraula *extrusionada*.

El llenguatge de Studio Tord Boontje, molt gràfic, fa que tots els seus productes formin part d'un higienisme recarregat de natura altament copiat en l'era del tall làser.

Les aportacions icòniques de les peces de Studio Job mesclen un treball de símbols i referents amb un llenguatge molt propi, s'ajuden del canvi d'escala o de material per impactar amb les seves propostes, fan un treball gràfic de patronatge, efectuen il·lustracions molt característiques que donen singularitat a catifes, paper de paret o fins i tot tapisseria de mobles. El producte pot tenir altres valors, però l'element gràfic juga un paper molt important en donar el valor principal a la peça, degut a la sensibilitat de la dissenyadora Nynke Tynagel.

Sistema

El disseny d'un sistema es consisteix en la creació d'un conjunt d'elements materials, relacionats d'alguna manera entre ells o interdependents, que constitueixen un tot orgànic, subjecte generalment a determinades lleis. Sistematitzar és la creació d'aquestes lleis. S'arrangen segons unes guies, uns encaixos, una regleta, ofereixen un conjunt de solucions segons una casuística determinada.

Les principals característiques i avantatges del disseny de sistemes són:

— Baixa inversió: els sistemes permeten amb la mínima inversió buscar el màxim de solucions, això es veu en intentar aconseguir el mínim de peces.

— Estandardització: els sistemes solen intentar usar el mínim de components.

— Oferir màximes solucions: el sistema intenta amb la mínima inversió de diners i peces obtenir el màxim de solucions.

— Busca més avantatges comercials en el producte.

L'objectiu principal d'un sistema és la formalització d'un conjunt de solucions que s'estandarditzen. S'ha de pensar en les màximes diferents situacions per tal de poder solucionar-les.

Hi ha diferents recursos per construir sistemes:

MODULAR

A través de construir una part amb petites parts, mòduls que són dissenyats perquè funcionin i encaixin entre ells.
El sistema *3plus* d'Oscar Zieta, en el seu catàleg descarregat de la seva pàgina web es llegeix la frase «few pieces, many solutions», que ho descriu clarament: «poques peces, moltes solucions».

FINIT: MÒDULS DIFERENTS

En molts casos es dissenya a partir de mòduls que es combinen entre ells amb un nombre finit i concret de combinacions, com el *606 Universal Shelving System*.

INFINIT: MÒDULS IGUALS

En altres casos, el producte és un sistema que permet una sèrie de combinacions. És com una seqüència de possibilitats que el dissenyador ha definit però poden créixer les combinacions, com per exemple, el sistema de *Lego*.

Un altre exemples és el projecte *STooL de EO*. A través d'una sèrie d'experiments en colors i connexions, s'explora a través de la repetició com una sèrie d'experiments que segons la intuïció, l'ull i el criteri acaben generant un caràcter juganer i únic al projecte *STooL*.

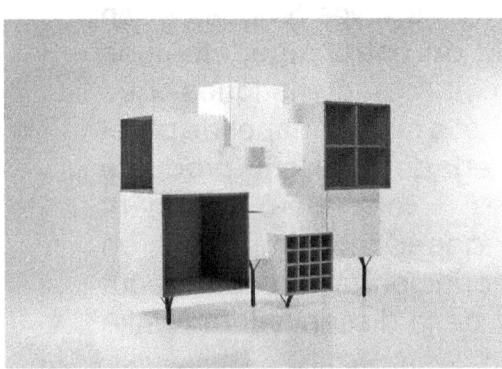

«FreePort», Martí Guixe // BD Barcelona. És un moble modular fet de cubs contenidors, amb diverses funcions. És multifuncional, perfecte per a estar en el centre d'una festa. Admet diferents configuracions, també com una illa.

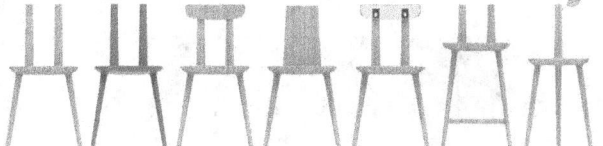

«Tabú», Eugeni Quitllet // Alias
A través de la pàgina web es pot escollir el tipus (*type: chair or table*) i després el respatller (*backrest*) en plàstic, fusta o sencer (*backrest full*). La peça es serveix en fusta natural o lacada en fins a dotze colors.

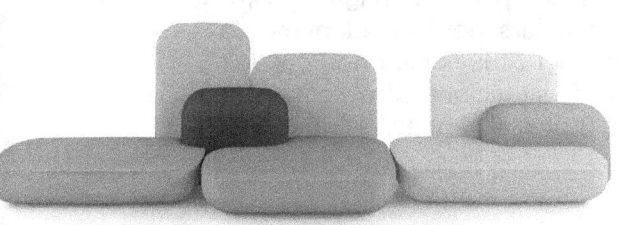

«Okomé», Nendo // Alias
Proposa una família de seients i respatllers caracteritzats per formes suaus i arrodonides que recorden les formes naturals de les roques creades per l'aigua. En combinar els diferents elements i assegurar-los amb un sofisticat sistema de connexió, Alias obté nou configuracions diferents, denominades O01, O02... Estan especialment dissenyades per satisfer les necessitats específiques de l'oficina i la llar.

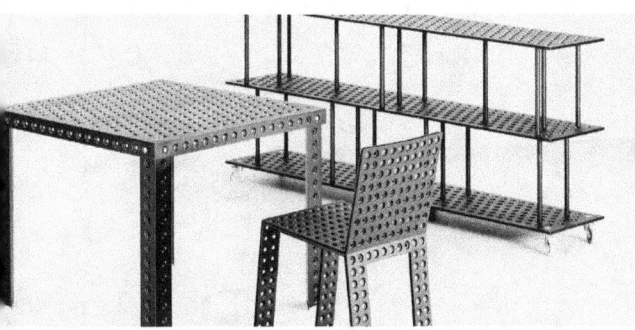

«3+ Modular Furniture Collection», Oscar Zieta // Zieta
El sistema modular format de panells de metall foradats amb petites incisions que permeten una sèrie de configuracions personalitzades: cadires, taules i sistemes d'emmagatzematge que es poden personalitzar segons les necessitats de l'usuari.

RETÍCULA

A través d'una matriu exploren possibilitats que segueixen un model, una xarxa o una quadrícula. El disseny de retícules van fer-se populars a l'escola Ulm amb projectes com el *System 80*, un conjunt d'interruptors i endolls realitzat per Wolfgang Dyroff el 1984 i els pictogrames dels jocs olímpics de Otl Aicher.
Un exemple més contemporani es troba en la creació de la retícula actual que és OpenStructures de Thomas Lommée (*www.blog.openstructures.net*) basat en una graella (*grid*) de 4 x 4 cm. Actualment podem trobar més informació dels últims sistemes i programes a Infraestructures (*www.intrastructures.net*).

ENCAIXOS

Són elements que s'integren amb altres, els objectes estan dissenyats perquè funcionin per separat però també junts.
Un exemple podria ser, Kamoi de Tomás Alonso per IKEA. Kamoi és un carril de fusta que recorre tot el perímetre de les habitacions i que funciona principalment per mantenir les portes i parets corredisses en les cases japoneses tradicionals. Aquesta funció de raïl també s'utilitza com un petit sortint on els objectes petits s'emmagatzemen i, sovint, des d'on es penja la roba.

PARCIAL

En alguns casos hi ha una part de l'element que és fixa i una part, canviant.
És el cas de la cadira Tabú, dissenyada per Eugeni Quitllet per Alias. L'objecte és un sistema que permet ser configurat o sistematitzat per l'usuari canviant el respatller.

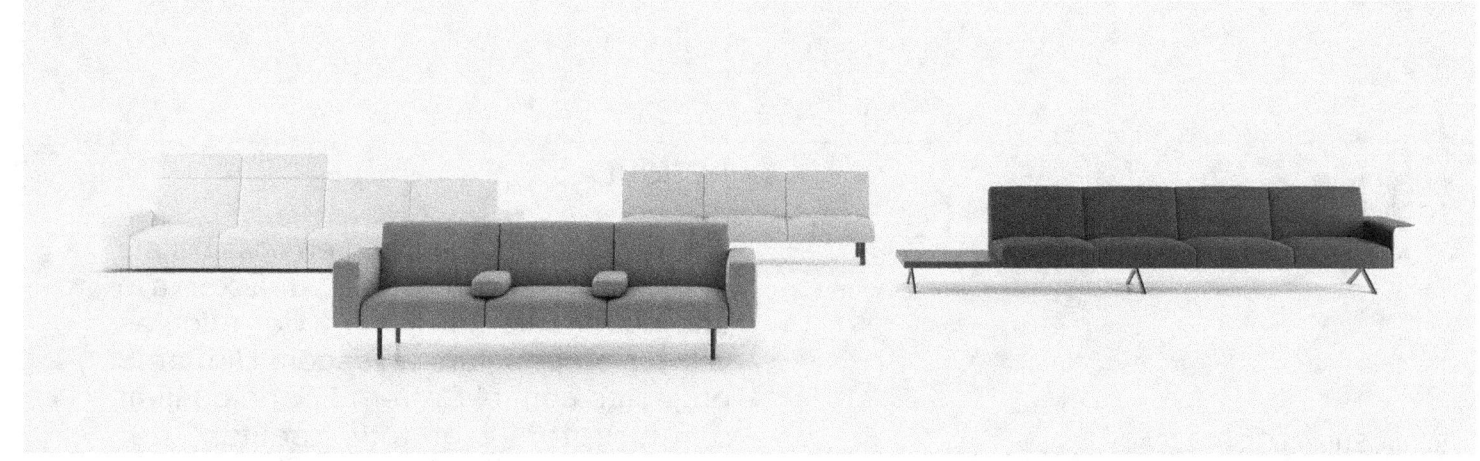

«Sistema» Lievore Altherr Molina // Viccarbe

És una col·lecció modular composta d'elements independents. Per tant, el client pot compondre i adaptar un sofà amb imaginació per adaptar-lo al seu gust, les seves necessitats i requisits. Està pensat amb una varietat de braços, respatllers, seients i accessoris diferents per triar. Aquests elements s'ampliaran amb components nous desenvolupats cada any, creant així un concepte innovador que s'adapta a moltes situacions.

Els mòduls entapissats estan disponibles en tres altures de respatller diferents i dos tipus de seients. Un està muntat sobre una estructura metàl·lica amb potes de fusta o d'acer calibrat, dissenyat per a *contract*. I un altre mòdul amb seients que arriben fins al terra per a espais domèstics.

El sofà «Sistema» està dissenyat per obtenir la màxima comoditat sense coixins addicionals, no obstant això, ofereixen accessoris ben proporcionats. Gràcies als pufs, es poden configurar composicions lineals o angulars, per tal d'adaptar-se a qualsevol tipus d'espai i situacions. En el catàleg s'adjunten una sèrie de situacions com a casa, a la feina, a l'aeroport, a l'hotel, al gimnàs, al restaurant, al club, entre d'altres.

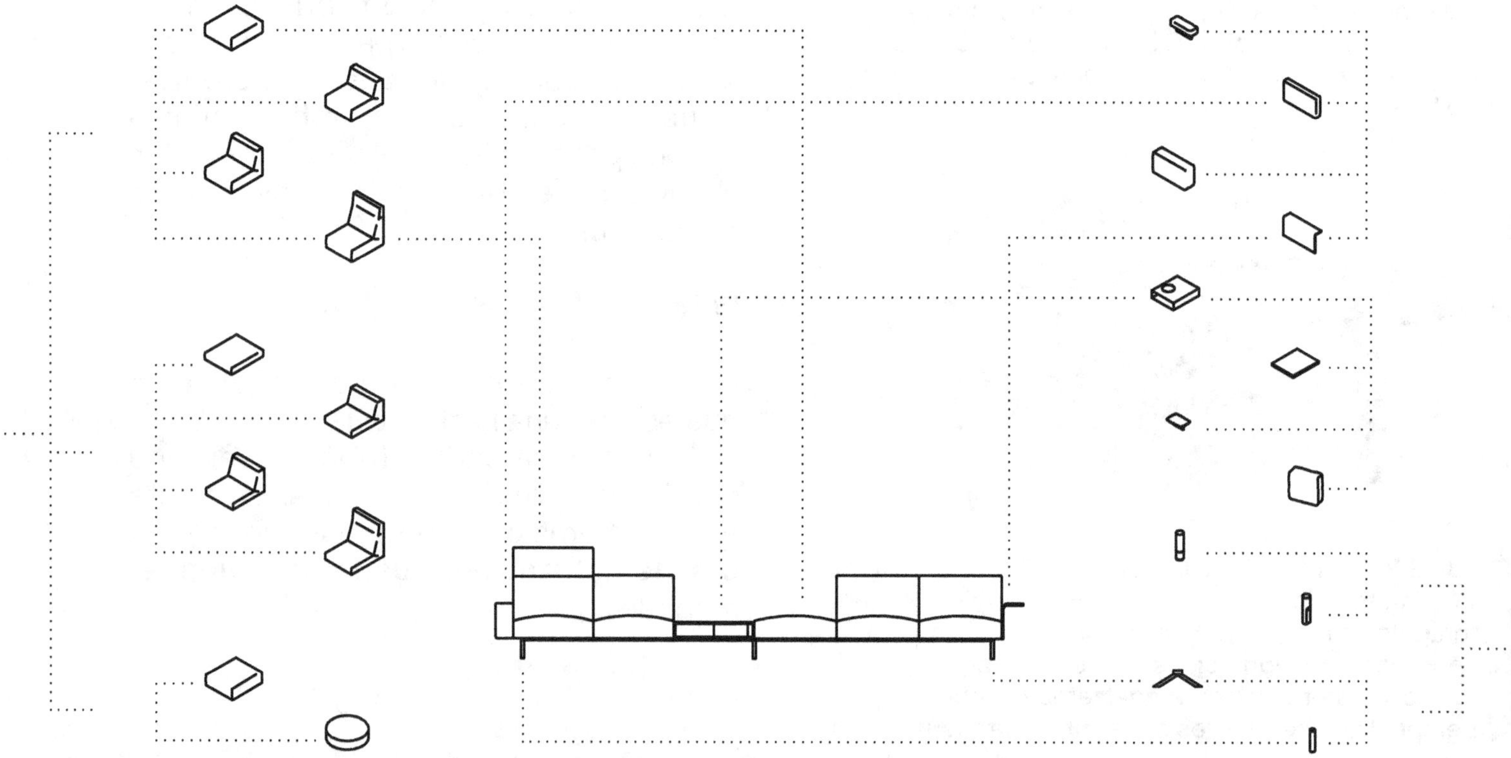

Programa

Programar consiteix en idear, ordenar les accions necessàries per a realitzar un projecte, això és sinònim de sistematitzar, és per això que *programa* i *sistema* són paraules que poden utilitzar-se de forma sinònima.

Es defineix com una declaració del que es pensa fer en una situació, tenint ja una situació predefinida a través dun sistema predissenyat o una distribució de les situacions, materials o configuracions d'un projecte. A vegades es confon un sistema amb un objecte que aconsegueix ser apilable dins de si mateix, amb uns conjunt d'elements que caben dins d'una caixa tipus una matrioixca o una proposta de tasses de diferents tamanys: S, M, L, XL. L'adaptació a una sèrie de talles és la voluntat de construcció d'un programa com la manifestació d'un conjunt de possibilitats, però no s'entén com el disseny de família, sinó com l'adaptació ergonòmica d'un disseny.

Els programes existeixen gràcies a la posada en escena de sistemes que solen formar famílies de combinacions d'elements diferents.

Un exemple és el programa de seients 620 de Dieter Rams per Vitsoe, realitzat el 1962. Es tracta d'una proposta de butaca que s'adapta als canvis de la vida transformant-se en un sofà o tornant a una butaca individual gràcies a un sistema de mòduls que són combinables entre ells. La mateixa marca ofereix un sistema d'estanteries 606 Universal Shelving System.

El sistema permet una variació de gairebé infinites combinacions amb les quals es solucionen un conjunt de situacions: empotrada a la paret, té una estructura autoportant repenjada a la paret, sistema de compressió entre terra i sostre que permet adaptar l'estanteria com una paret.

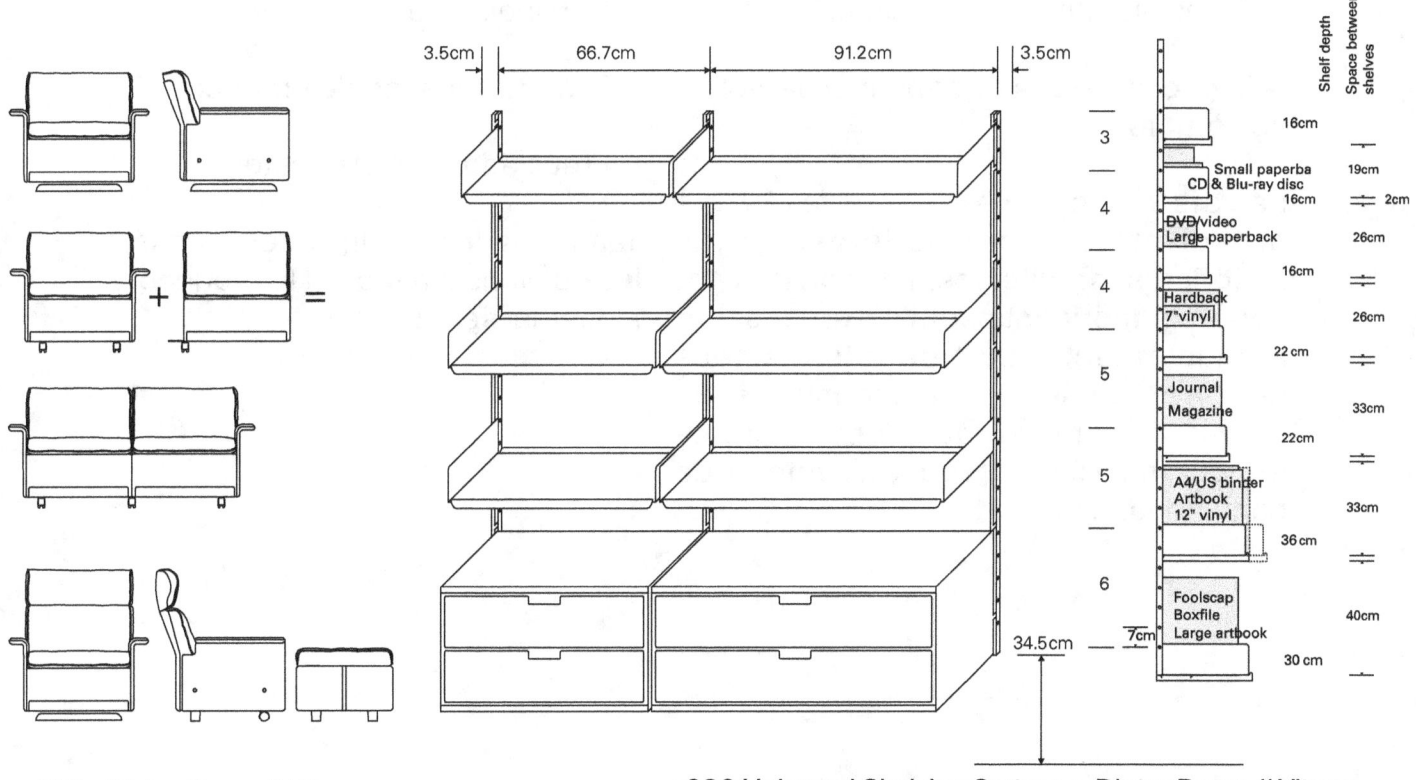

«620» Dieter Rams // Vitsoe   «606 Universal Shelving System.» Dieter Rams // Vitsoe

2.3. Espai privat i públic

En el sector del mobiliari es definiria en dos àmbits: l'àmbit *contract* o de col·lectivitats i l'espai domèstic o venda a particulars. La diferència entre els dos àmbits rau en la qualitat del producte, la seva producció i la seva distribució.

ESPAI PÚBLIC

L'espai *contract* o per a col·lectivitats és un producte destinat a l'ocupació en l'espai públic.

Característiques:

— Producció industrial.

— Bona resistència de les peces.

— Qualitat mitjana dels productes.

— Certificacions i controls de qualitat.

— Apilabilitat i ús de moltes referències.

— Grans quantitats de producció.

— Reducció de costos depenent del volum de compra.

La distribució es fa a través de prescriptors, contractistes, grans majoristes, arquitectes, interioristes, tot i que els fabricants somien en destinar a aquest sector part de tots els seus dissenys, presenta forts inconvenients, com la possibilitat que el producte es trenqui amb l'ús i es produeixin retorns de comandes.

ESPAI PRIVAT

L'espai domèstic té la seva distribució en botigues o punts de venda especialitzats, arriba a la venda al detall o al particular i permet més conscessions en els dissenys.

Característiques:

— Peces més úniques.

— Resistència adequada per l'espai.

— Qualitat elevada dels productes.

— No són necessàries certificacions.

— L'apilabilitat és opcional.

— Tirades mitjanes de producció.

— Preus adaptats als costos.

També podríem definir dos àmbits: les edicions limitades i la producció industrial seriada.

2.4. L'espai urbà

L'espai urbà també compta amb mobiliari urbà, un mobiliari especial en termes d'ús per a col·lectivitats, un mobiliari que necessitarà sol·licituds especials per resistir els perills i inclemències de l'espai públic.

L'espai públic, d'acord amb Manel Castells, «és un espai accessible a tothom, on es produeixen relacions de persones que no es coneixen i s'estableixen vincles efímers, el que s'anomena carrer» Tot i que s'ha definit des de les ciències socials, quan els arquitectes parlen d'espai públic, parlen d'un espai on es fan públics els principis de la democràcia, de la llibertat, etc. «El carrer és un espai urbà on conviuen tota una sèrie d'elements que són dissenyats per a la seva configuració i organització, per urbanistes, paisatgistes o arquitectes».

Aquest espai és molt interessant ja que propicia relacions, interaccions i converses. Segons com es dissenyi el mobiliari, convida a la gent a apropar-se o allunyar-se, a fer un ús proper o distant de l'espai.

Serà imprescindible dotar-lo de les característiques que es troben en «Espai Públic», llistades en la pàgina anterior.

A Catalunya hi ha una tradició d'empreses de referència que han innovat com són Escofet, Benito, Fábregas, entre d'altres. A continuació es llisten algunes empreses:

Ado	www.adosa.es/en/
Bd	www.bdbarcelona.com/
Benito	www.benito.com/
Colomer	www.colomernouparc.com
Cubis	www.cubis.es/
D. Wynants	www.dwdw.be/
Escofet	www.escofet.com/
Extremis	www.extremis.be/
Fábregas	www.grupfabregas.com/
Frepat	www.frepat.com/
Hags	www.hags.es/
Mago	www.magourban.com/
Mobiparck	www.mobiliariosurbanos.com/
Nola	www.nola.se/
Urbidermis	www.urbidermis.com/
Street life	www.streetlife.nl/en/

Es poden trobar moltes referències a www.publicspaces.eu/

També a l'Associació Espanyola de Fabricants de Mobiliari Urbà i Àrees de Joc (*www.afamour.com*).

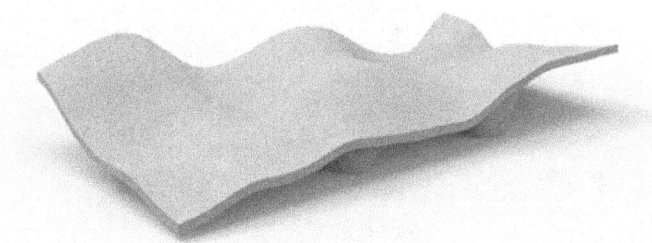

«Lungo Mare» EMBT Arquitectes // Escofet
Una de les propostes d'un element paisatgístic emmotllat en formigó que representa una generació de peça, expressiva i de llibertat creativa i espacial realitzat pels arquitectes Enric Miralles i Benedetta Tagliabue.

2.5. Públic objectiu

El *target* d'usuari és comunament utilitzat en disseny de producte per referir-se al destinatari del producte o servei, per tal de comprendre els usuaris o clients.

Es refereix a qui va destinat el mobiliari i pot ser una premissa en la pròpia marca o en la creació del projecte. Segons el *target* d'usuari també són diferents els productes de mobiliari. Actualment no es parla tant d'usuaris sinó d'estils de vida.

Dins de les metodologies d'anàlisi, el *target* pot estudiar-se a través de perfils anomenats *personas* (*www.servicedesigntools.org/tools/40*), on es requereixen diferents atributs del *target* juntament amb patrons de consum.

El client pot combinar el mobiliari amb altres tipus de conductes de consum com consumir altres marques de roba, assistir a un tipus determinat de restaurants, tenir unes destinacions de viatge.

Actualment existeixen diferents eines per ajudar al seguiment d'usuaris o perfils d'usuaris com són Kelvinretail que mesclen les dades massives (*big data*) amb els patrons de consum per tal de generar un bon ROI (*return on investment*), rendibilitat de la inversió.

Paràmetres que poden influenciar en el nostre *target:*

Edat
Un *target* poden ser els grup d'edat: estudiants escolars, mobiliari per a primaria, secundària i públic universitari, mobiliari infantil o mobiliari per la tercera edat.

Poder adquisitiu
El nivell econòmic de l'usuari és important per tenir-lo en compte a l'hora de saber quina gamma de producte s'està oferint.

Per exemple, la marca portuguesa de mobiliari Boca do Lobo (*www.bocadolobo.com*) crea peces exclusives, artesanals gairebé de luxe que tenen un *target* amb un poder adquisitiu alt.

Objectes culturals
El nostre *target* pot tenir patrons de consum, per exemple revistes o llibres de marques de productes similars; conèixer el seus hàbits ens pot permetre generar *crossbranding* amb marques afins.

2.6. Àmbit

El disseny de mobiliari també actua en àmbits o espais concrets o especialitzats que construeixen un mercat específic. Aquests àmbits poden tenir relació amb el *target*, com s'ha vist anteriorment o també segons l'espai que ocupa a la casa.

El mobiliari de bany o d'oficina són àmbits que tenen les seves pròpies fires i espais de venda. El mobiliari de cuina é el seu propi pavelló especial a la fira de Milà que se celebra cada dos anys.

MOBILIARI D'OFICINA

El mobiliari d'oficina, per a col·lectivitats o *contract*, és un tipus de mobiliari que està evolucionant de la mateixa manera en què evoluciona la forma en què es treballa.

Aquest tipus de mobiliari té uns requeriments que intenten primar el valor ergonomic sobre el producte, la comoditat i la resistència juntament amb la facilitat, que sigui un sistema adaptable a tot tipus de situacions.

Hi ha una sèrie d'empreses líders com Vitra o Herman Miller i després destaquen les propostes d'una sèrie de marques: Actiu, Alias Design, Danese, Forma5, Habitat, Ikea, Lexon, Made, Obvious, Punt mobles, Rexite, Vicarbe, Vilagrassa i més.

MOBILIARI DE BANY

El mobiliari de bany és un àmbit que requereix de productes més resistents, que siguin fàcils de netejar,, degut al fet que han d'absorbir les humitats i els vapors del bany.

Destaquen els fabricants següents: Antonio Lupi, Boffi, Buades, Dornbracht, Duravit, Grohe, Cosmic, Kohler, Roca, Lacava, Teuco, THQ, Tres, Toto...

MOBILIARI DE CUINA

El mobiliari de cuina també és un sector específic que requereix de productes fàcilment netejables i resistents a l'ús de greixos.

Destaquen els fabricants següents: Boffi, Bulthaup, Nobia, Pawpeng Paul, Santos i Zania, entre d'altres.

MOBILIARI INFANTIL

El mobiliari infantil requereix productes que passin normatives específiques, siguin resistents i fàcilment netejables.

En mobiliari infantil existeix un mercat específic amb unes categories de producte pròpies. Convé destacar els fabricants següents: 2Sprouds, De Breuyn, Disset kids, Ergokids, Flexa , Kloss Furniture, Little Red Stuga, MiPlay, No Fred, Nobodinoz, Oeuf , Smarin, Smart, Soft Play, entre d'altres.

2.7. Marc legal

En la col·laboració constant entre empreses i dissenyadors no existeix res escrit, és una mescla entre confiança i procediments al voltant de les relacions entre persones.

Els dissenyadors de mobiliari, com en qualsevol altre ofici, poden treballar dins l'empresa *In house* o externs *freelance*.

La majoria de dissenyadors de mobiliari reconeguts com a tal treballen de forma externa a l'empresa seguint diferents formes de treballar.

Existeixen diferents formes de treball relacionades també amb la contractació.

— Contractació per nòmina:
El dissenyador de mobiliari treballa dins de l'empresa de mobiliari com un treballador de l'oficina de disseny i desenvolupament. Moltes empreses com Ikea tenen un gran nombre de dissenyadors treballant en plantilla amb contractes temporals i indefinits.

— Contractació per projecte:
La col·laboració per projecte sol donar-se quan l'empresa contacta al dissenyador perquè li interessa que aquest li faci una proposta d'autor. També pot ser proposada pel dissenyador que suggereix una oportunitat. El dissenyador o empresa emeten unes condicions, que poden anar acompanyades d'un pressupost i un contracte de serveis a l'empresa. L'empresa confirma el pressupost amb una firma del contracte, o bé el confirma mitjançant un correu o per fax, acceptant les condicions o bé fent una paga i senyal d'un percentatge del pressupost. En seria un exemple un projecte com Kvadrat, que demana aplicacions amb els seus materials.

— Contracte de *Royalties* per un disseny:
La col·laboració la pot proposar tan l'empresa com el dissenyador. El dissenyador envia un esborrany i negocia amb l'empresa les clàusules d'aquest contracte. En la propera pàgina s'adjunta un esborrany, aquest sol tenir data, els representans de les parts reunides, en el qual s'exposen unes clàusules.

— Contracte de *Royalties* en l'explotació d'una patent:
En altres països, per exemple, els Estats Units, el dissenyador patenta el seu disseny o de vegades és la pròpia empresa qui paga la patent amn la qual pot compartir els drets d'explotació.

Pel que fa a les tarifes, convé destacar la publicació de l'ADCV (Associació de Dissenyadors de la Comunitat Valenciana) sobre «el valor del diseño», un llibre prohibit, ja que va ser multat per la Comissió Nacional de la Competència (CNC) (2013) perquè aquesta entenia que duien a terme pràctiques restrictives de la competència contràries a la llei 15/2007, de juliol, de defensa de la competència per generar una tarifa específica per diferents serveis de disseny.

PROPIETAT INTEL·LECTUAL

En aspectes de propietat intel·lectual i drets d'autor és difícil protegir un disseny sense recòrrer a l'ús de patents. La majoria de dissenyadors no presten atenció a aquests temes.

Tot i que la propietat intel·lectual es protegeix a través de dibuixos i il·lustracions o fotografies, la publicació en una revista amb ISBN pot tenir un valor meritori pel projecte.

PATENTS I MARQUES

Els drets de propietat industrial són drets o títols exclusius i excloents que atorguen les autoritats de cada estat a aquelles persones físiques o jurídiques que havent complert els requisits legalment establerts, sol·liciten la protecció de l'Oficina Espanyola de Patents i Marques (OEPM).

Es divideixen en diferenst grups:
— Invencions tecnològiques (patents i models d'utilitat)
— Dissenys industrials, els dibuixos i models industrials
— Marques i noms comercials

La durada de les modalitats és:
— **Marca, nom comercial:** Durada indefinida de la protecció, renovable cada 10 anys.
— **Creacions de forma, disseny industrial:** Disseny registrat. Renovable per períodes de 5 fins a 25 anys.
— **Invensions o creacions:** Patent d'invenció durant 20 anys. Model d'utilitat durant 10 anys.

Normalment aquestes tasques les fan els agents de la propietat industrial, com per exemple, empreses d'agents *BGA patentes y marcas, ABG Patentes i A&B*.

Per a més informació és recomanable dirigir-se a l'Oficina Española de Patents i Marques" (*www.oepm.es*). Es pot revisar si hi ha productes previs similars consultant el *Boletín oficial de la propiedad industrial* (1998-2010) (*www.oepm.es/bopiweb/*).
Actualment s'utilitza un visualizador de patents anomenat *Invenes* (*www.invenes.oepm.es*)

El registre de patents i marques a Catalunya es realitza a l'Oficina de Gestió Empresarial (OGE) fa les funcions de registre d'entrada d'expedients de patents i marques que es tramiten a la OEPM (*www.gencat.cat/canalempresa*).

L'Oficina de Gestió Empresarial de Barcelona es troba al c/ Sepúlveda, 148-150 a Barcelona

Les lleis reguladores de la propietat industrial a l'Estat espanyol són:
— Llei 17/2001 de 7/12 de marques
— Llei 20/2003 de 7/07 de protecció jurídica del disseny industrial
— Llei 11/1986 de 20/03 de patents
En l'àmbit de la Unió Europea:
Primera directiva 89/104/CEE
— Legislació dels estats membres en matèria de marques
— Reglament (CE) núm. 40/94 sobre marca comunitària
— Directiva 98/71/CE sobre la protecció jurídica dels dibuixos i models
— Reglament (CE) núm. 6/2002 sobre els dibuixos i models comunitaris.

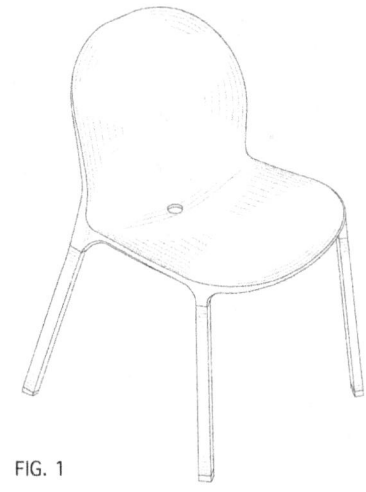

FIG. 1

«*Patent USD670099S1*», Jonathan Olivares // Knoll (Los Angeles, 23 de Febrer 2012).

NORMATIVA

La responsabilitat del dissenyador sobre la peça hauria de ser limitada. L'empresa hauria de fer-se'n càrrec, però és important que aparegui en el contracte.

Existeixen casos de particulars que han denunciat dissenyadors, però són les empreses les que com a fabricants han de verificar les normatives dels països on distribueixen.

Els productes, una vegada fabricats i abans de ser comercialitzats, han de passar per una sèrie de proves de resistència, estabilitat, durabilitat i seguretat.

Cada país té els seus estàndards sobre el rendiment de diferents tipus de mobles. Al Regne Unit s'ha de comprovar la inflamabilitat dels mobles tapissats i no és necessari comprovar-ne la resistència.

Després, depenent dels sectors, existeixen certificacions especials pel sector infantil, perills com l'estrangulació d'un nen segons les distàncies de les barres d'una cadira o una reixa on pot quedar atrapat un dit.

Les empreses compten amb responsables del control de qualitat. Existeixen organismes com: FAMO, AIDIMA, AENOR, AITIM, CLUSTER HABIC o TECNALIA que compten amb instal·lacions per poder comprovar mobiliari i tramitar els corresponents certificats tècnics i legals.

— FAMO, Asociación de Fabricantes de Mobiliario y Equipamiento General de Oficina y Colectividades (*www.famo.es*)

— AENOR, Asociación Española de Normalización y Certificación (*www.aenor.es*)

— AIDIMA, Instituto Tecnológico del Mueble, Madera, Embalajes y Afines. (*www.aidima.es*)

— CEN, Comité Europeo de Normalización (*www.cenorm.be*)

— ENAC, Entidad Nacional de Acreditación *(www.enac.es)*

2.8. Oportunitats del disseny

Les circumstàncies canviants són les que generen noves demandes, internes o externes, que recauen en una empresa o organització. En el centre d'una empresa, les oportunitats poden trobar-se en l'estratègia, la redefinició del nom, la marca, la missió, els valors, l'estratègia corporativa, l'estratègia empresarial i l'estratègia operativa.

Aquestes oportunitats solen néixer des de dins de l'empresa en processos de fusió, adquisició o canvis en les estructures organitzatives, degut a canvis en la direcció, gestió, en la diversificació de les activitats o entre reunions formals i converses informals entre departaments. Un nou director en un departament pot ser clau per encaixar en els seus objectius un possible nou projecte.

Les oportunitats poden néixer d'un encàrreg extern, tenir l'origen en una notícia d'un diari o en una simple conversa. No obstant això, la millor font d'oportunitats són els clients i la competència, els moviments de la competència obliguen a canviar i formalitzar una conducta i una opinió en una mateixa organització de forma contínua i constant.

Els desencadenants del disseny en una empresa, que tenen un objectiu empresarial són: muntar una empresa, ser líder en el disseny, llençar una marca, llençar un producte o botiga, augmentar la quota de mercat, recuperar la quota de mercat perdut, diversificar cap a un nou mercat o sector, establir estratègies de comercialització, millorar les polítiques d'I+D.

OPORTUNITATS

Detectar l'oportunitat i motivar l'empresa són funcions del dissenyador.
Experiències que promouen una millora o un canvi acaben formalitzant-se en encàrrecs de disseny o canvis en les estratègies i oportunitats entre les qual es mou una organització.

Canvis socials:

— Canvis demogràfics: estils de vida que provoquen la demanda de nous productes i serveis.
— Estructures familiars: models de família més flexibles.
— Nous valors dels consumidors: major sensibilitat.

Canvis polítics:

— Medi ambient i legislació: per exemple, la normativa de prohibir fumar en els locals obliga a aquests a generar espais pel fumador.
— Economia creativa: una legislació que dona suport al negoci.
— Sistemes democràtics: processos participatius i major presència en governs locals i regionals.

Forces de mercat:

— Diferenciació i innovació de productes.
— Facilitat d'ús: població envellida, dissenys reaprofitables.
— Personalització: demanda de serveis individualitzats.
— Estils de vida ecològics: pràctiques de reducció de residus.
— Tecnologies: sistemes de producció, de comunicació, nous materials

2.9. Tendències

Adaptar-se o respondre a una tendència és un recurs a l'hora de plantejar una estratègia per realitzar un projecte defensat per diferents fabricants.

Saber veure cap a on evolucionarà el mercat a través d'anàlisis que podem observar o veure com els prediuen els experts en tendències. L'estudi de les tendències és realitza des de l'inici dels temps.

Sempre s'ha pretès saber, conèixer, comprendre i predir el comportament humà, intentar llegir una certa disposició, hàbit, propensió per tal d'entendre la direcció i interceptar el futur.

Les tendències de consum i, en general, els comportaments dels consumidors es regeixen en última instància per necessitats i desitjos humans bàsics, fonamentals i que gairebé mai canvien. És fonamental identificar aquestes necessitats ocultes per comprendre qualsevol tendència de consum (estatus social, autosuperació, entreteniment, emoció, connexió, seguretat, identitat, rellevància, interacció social, creativitat, justícia). Es busca un estatus i l'emoció de ser els primers a adoptar un producte o marca, la connexió amb el producte i la seva història.

Euromonitor publica les 10 macro tendències pels pròxims 5 anys: incertesa en el futur, l'expansió de la classe mitjana en alguns mercats, manca de perspectives juvenils, la divisió entre pobres i rics, el repte climàtic, un món que envelleix, la transició urbana, desplaçament de persones, connexions i el paper de la Xina al món. *(www.go.euromonitor.com/)*

Convé saber detectar nínxols per dirigir productes al nínxol de mercat. La metodologia en l'estudi de tendències mescla la metodologia de recerca amb una aportació personal d'intuïció. Existeixen diversos models i metodologies. L'observació es fa meditada i ha de considerar diferents localitzacions i diferents punts de vista, ha de treballar amb diferents professionals i experts que aportin des de la psicologia la cerca d'un patró.

Consisteix en treballar buscant models, patrons i factors que mostren un canvi i delimita, acota i explica patrons de consum. Busca els causants del canvi tenint en compte les transformacions a gran escala i els desencadenants. Existeixen nombroses empreses i agències que treballen en l'estudi i la seva comunicació en tendències:
— Trend Union (*www.trendtablet.com*)
— Nelly Rodi (*www.nellyrodi.com*)
— Trend Bible (*www.trendbible.com*)
— Carlin (*www.carlin-creative.com*)
— The Lab (*www.thefuturelaboratory.com*)
— Promostyl (*www.promostyl.com*)
— PSFK (*www.psfk.com*).

A Espanya i Catalunya convé destacar:
— Co-Society (*www.co-society.com/*)
— GV lines (*www.gvlines.com/*)
— Laura Cleries (*www.lauracleries.com/*).

També s'ha de comptar amb els informes de les grans consultores: Mc Kinsey, Arthur Andersen, Deloitte, Ernst & Young, KPMG, PricewaterhouseCoopers i d'altres.

3. Dissenyar un moble

El procés per dissenyar és lliure, personal i propi. Cadascú pot trobar la seva pròpia manera, forma o mètode de treball. Tot i així, per tal d'aprendre, ho fariem a través de receptes.

Un pot sentir la necessitat de fer-se una cadira per a ell mateix, per regalar-la o per vendre-la. Però fer una cadira per comercialitzar és un exercici complex que requereix accions, operacions, temps, treball i planificació.

S'ha de tenir en compte tot el conjunt de possibilitats a l'hora de plantejar un projecte. Dissenyar per dissenyar és fàcil, però dissenyar per a algú és un exercici més concret i més precís que necessita certa pràctica i rigor.

Abans que res hauríem de preguntar el moble que dissenyarem, qui el fabricarà, editarà o comercialitzarà i quin grau d'innovació pot arribar a tenir.

A continuació es mostra el procés de disseny per a l'elaboració d'un projecte de mobiliari mesclant l'experiència personal i la teoria del disseny.

Podríem partir de diferents formes de fer un projecte: l'empresa detecta unes necessitats i contacta el dissenyador, el dissenyador detecta unes necessitats i proposa a l'empresa, l'empresa contacta el dissenyador per rebre propostes o el dissenyador descobreix algunes oportunitats i edita el seu propi producte.

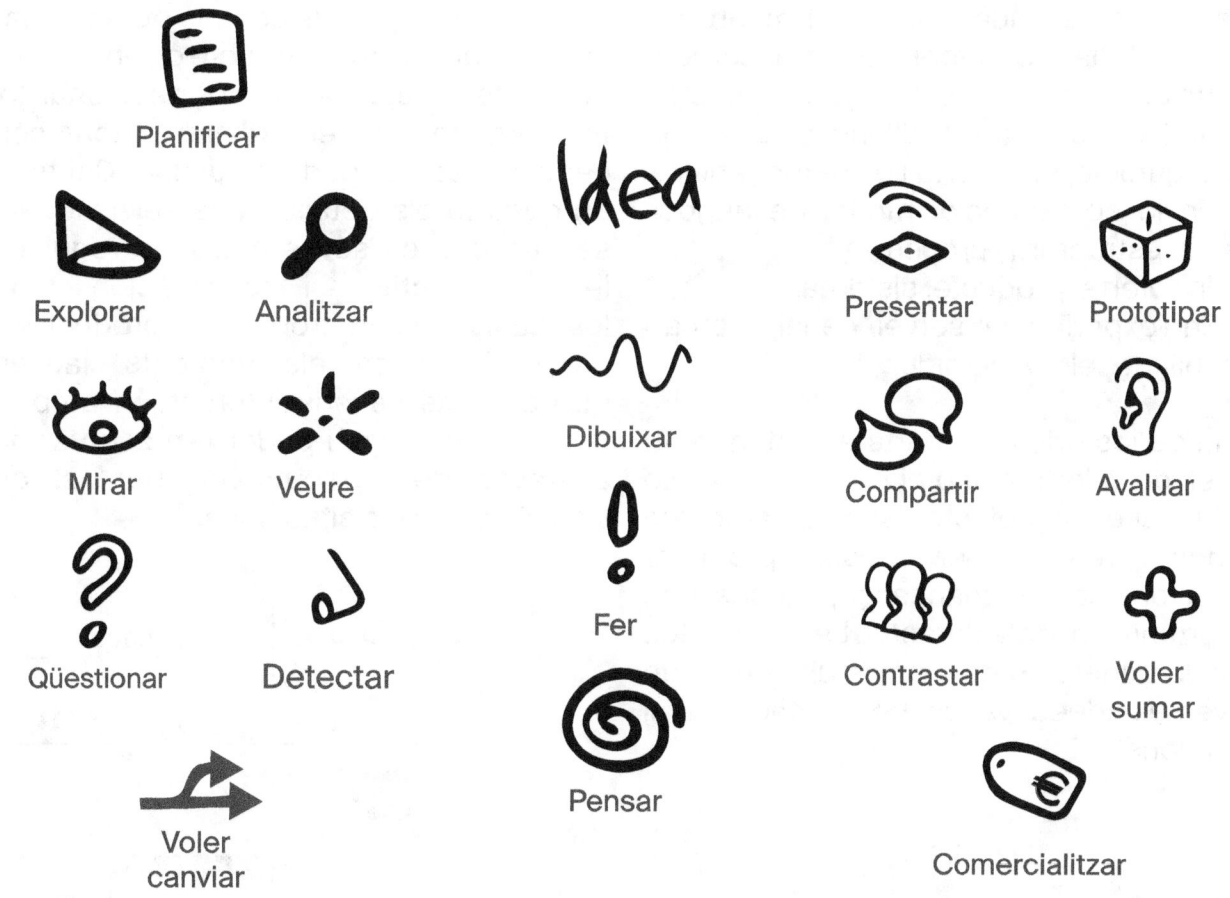

3.1. Innovació

Abans que res hem de reflexionar sobre el tipus i el nivell d'innovació que volem que tingui la nostra proposta. Podrem realitzar un producte molt original i innovador, però hauria de complir altres funcions a la vegada. El mobiliari pot tenir els següents aspectes:

— Una estètica innovadora
— Una innovació en l'investigació de l'usuari: ergonomia i antropometria
— Innovació de materials i fabricació
— Tirada i preu de fabricació
— Sofisticació en la seva funcionalitat
— Sistematització en un sistema

Segons Larry Keeley, la innovació és la creació d'una proposta com a oferta nova i viable. Per innovar és necessari identificar els problemes que importen i moure's a través d'ells per oferir sistemàticament solucions elegants. Segons Keeley, existeixen deu tipus d'innovació: en la configuració, en l'oferta i en l'experiència.
— En la configuració: model de negoci, xarxa, estructura i procés.
— En l'oferta: producte, sistema.
— En l'experiència: servei, canal, marca i usabilitat del consumidor.

Una de les primeres parts és entendre el nivell de valor afegit o el nivell d'innovació sol·licitat en el projecte. S'ha de partir d'un procés creatiu, obert, fresc i proposar solucions a la mancança, necessitat, oportunitat o repte detectat. Les propostes són la generació de camins diferents i de diverses idees varies per a cada camí (versions).

És important estimular l'escenari en el qual es produirà la creativitat intentant llistar, enumerar i organitzar idees i sistematitzar un procés de presa de decisions. Aquesta etapa tracta de caracteritzar, dotar de cert caràcter, una forma simple de dibuixar o fer representacions visuals de les categories més importants de per a qui dissenyem.

S'ha d'escenificar i comprovar el caràcter de la proposta i veure com encaixa en els perfils d'usuaris estudiats i comprovar si els usuaris l'entenen. Cal comprovar les idees o propostes en els escenaris o les situacions detallades en les quals els usuaris interaccionen amb el producte durant un temps o període.

Convé aprofundir en el coneixement del context en el qual els usuaris poden estar interactuant amb el producte o servei i això donarà les pautes de com perfeccionar-lo. És útil quan una sèrie d'interaccions són necessàries per part de l'usuari. Cal tenir en compte els detalls de la seva vida, el seu treball, les seves activitats regulars, les seves actituds i les situacions amb les quals l'usuari trobarà el producte o moble. Identificar els moments clau en què aquests usuaris interactuen amb el producte o servei i poder representar-ho a través de *story boards* per tal de visualitzar-ne les situacions.

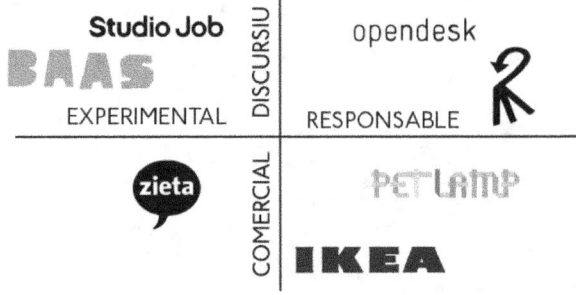

Hi ha dues classes d'innovació, una horitzontal que consisteix a canviar de resposta (evolució) i una altra vertical que consisteix a canviar de pregunta (revolució).
Jorge Wagensberg

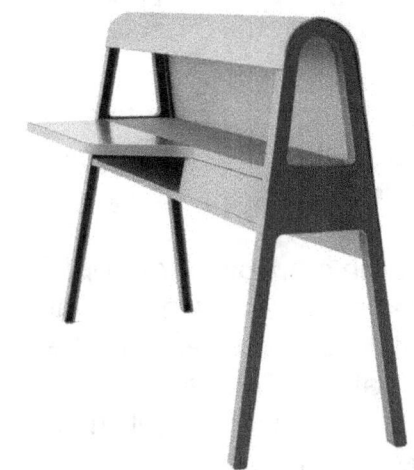

Michael Young, Established and sons, 2005.

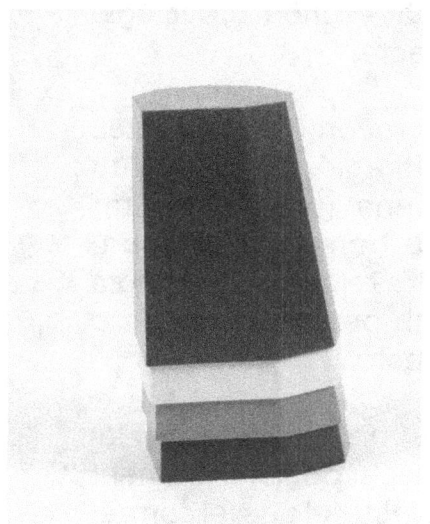

Martino Gamper, Arnold Circus Stool, 2006.

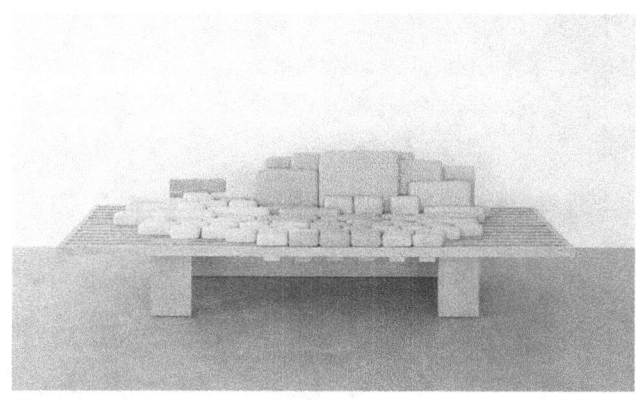

Benjamin Graindorge, SofaScape, Galeria Ymer & Malta, 2012.

Una necessitat

Treballar a casa és una nova necessitat o, simplement, una nova situació que es converteix en una oportunitat; diferents marques ho han aprofitat per fer propostes de disseny elemental per a objectes polifuncionals.

Aquesta necessitat ha estat treballada per Vitra a través de la seva revista *Workspirit*. Convé destacar les propostes d'escriptoris en diferents catàlegs que es caracteritzen per ser més prims, més petits, menys invasius.

Un problema

Partir d'un repte en forma de problema és una estrategia del disseny clàssic. Plantejar-se aprofitar els racons de les cases va portar al dissenyador Martino Gamper a crear la seva tesi que es pot trobar en el seu llibre *What Martino Gamper did between two-thousand and two-thousand and four*. Del conjunt de projectes d'intervenció en el *corner*, el racó, va autoeditar-se un producte amb rotomoldeig disponible en 13 colors a la seva pàgina web per 59 lliures, l'Arnold Circus.

Un concepte

Un concepte pot ser el detonant per a realització d'un projecte. Un concepte com deconstruir obliga a buscar els límits tipològics del què s'entén per un sofà i a intentar buscar-ne els extrems. Deconstruir no ha de voler dir separar necessàriament, però sí fer trossos petits i es pot solucionar el sofà a mòduls com el Ron Arad per Moroso el 2008. Es tractar de veure quins són els límits representatius del que podria ser una idea de sofà.

3.2. Anàlisi

La fase d'observació i anàlisi és imprescindible al principi d'un procés de disseny. Alguns el consideren part del procés de disseny, d'altres, com una etapa prèvia de contextualització abans de la projectació.

L'anàlisi sol manifestar-se en un document que ensenyi el que s'ha après en la contextualització, ensenyi què s'ha de fer i què es vol fer des d'un punt de vista estratègic.

Es tracta de fer diferents anàlisis a diferents nivells que permetin trobar, detectar i acotar l'encàrrec, el problema o l'oportunitat dins d'un àmbit o context determinat. Es poden realitzar diferents models d'anàlisi, res ens assegura què veurem o detectarem, però si més no, veurem què aprendrem segurament.

Es pot plantejar l'anàlisi des de diferents perspectives: centrar-se en un resum històric, un bon anàlisi de catàleg per trobar-hi forats o nínxols de mercat, fer un anàlisi de posicionament en el mercat per veure quina és la situació del mercat i trobar la competència, què s'està realitzant, fer un anàlisi de tendències o, per exemple, veure quins són els materials més adients per tal de ser utilitzats en el projecte.

En el cas de fer una recerca, aquesta s'ha de fer abans d'anar a veure el fabricant amb un borrador de brífing.

A l'escola s'acostuma a propiciar el treball en grup, però obtenint un brífing individual. S'acostuma a deixar entre dues i quatre setmanes per realitzar aquesta fase. S'elabora un document i es consideren els següents paràmetres d'avaluació:

— Demostrar molt bon coneixement del context cultural, social, econòmic, ecològic d'on es situa el projecte.

— Aportar una bona recerca documental, presentar la realització de diferents anàlisis. Recollir una gran diversitat de documentació, ben estructurada, rellevant i significativa relacionada directa i indirectament amb possibles temes o estratègies pel projecte.

Aquesta fase resulta imprescindible per tal de definir què passa, per definir clarament els objectius del projecte: el què, el com, el quan, el per què i l'on.

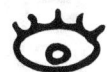

A continuació es llisten diferents metodologies d'anàlisi per identificar oportunitats de disseny:

Anàlisi d'un àmbit
L'empresa pot estar especialitzada en oficina, cuina o bany (pàg. 59).

Anàlisi de mercat
Observar un mercat concret, el catàleg d'una empresa seleccionada o un conjunt d'empreses sensibles a contactar amb la nostra recerca (pàg. 18).

Anàlisi de tendències
El producte pot ser una resposta a una tendència actual (pàg. 64).

Anàlisi d'una marca
S'ha d'estudiar la història, l'evolució, l'estructura i organització d'una entitat amb la qual es vol col·laborar (pàg. 12).

Anàlisi d'una identitat corporativa
Comprendre com es fiscalitza la marca, en quines aplicacions i si surt representada de quina manera ho fa.

Anàlisi d'una organització
Normalment no es manifesta, però consisitiria en fixar-se en el model de negoci del possible client, incloure PEST, DAFO i un anàlisi del públic d'interès.

Anàlisi d'un catàleg
Consisteix en buscar quins productes, tipologies, dissenyadors, materials i vies d'innovació s'utilitzen en un catàleg d'un fabricant seleccionat.

Anàlisi d'un producte
Consisteix en entendre quines aportacions de valor té el producte a nivell de disseny, materials, tecnologies, entre d'altres.

Anàlisi d'usuari, persones
Consisteix en entendre els tipus d'usuari per definir estils de vida i necessitats per tal de generar un producte que els pugui satisfer (pàg. 58).

Anàlisi d'una unitat de producció
Serveix per comprendre les possibilitats que hi ha de treballar en materials, processos de producció i acabats amb un proveïdor seleccionat.

Anàlisi de possibilitats de materials
Consisteix en buscar noves possibilitats, que es puguin aportar nous materials, processos de producció i acabats amb un proveïdor.

Anàlisi de sistemes de comercialització
Consisteix en entendre com en el context es comercialitzen els productes: si ho fan en punts de venda, per Internet o d'altres.

Anàlisi de punts de venda
Serveix per entendre quina competència hi ha en el punt de venda on es distribuiria el producte (pàg. 22).

3.3. Brífing

El brífing és un document escrit que recull tota informació obtinguda en l'investigació inicial, a partir del diàleg amb el client, el diàleg amb els usuaris i l'observació de carències en el mercat. A l'escola ens esforcem en tancar i definir molt bé un brífing per tal de tenir clar el projecte, en la vida real aquesta fase es fa de forma dialogada amb el client.

Existeixen brífings per tal de desenvolupar serveis de disseny, de comunicació i de publicitat. s'assenyala el problema, s'acoten els objectius, les expectatives i les possibilitats. El pot plantejar l'empresa com un encàrrec pel dissenyador. El pot plantejar el dissenyador com una proposta per a l'empresa. El pot preparar una agència externa per a l'empresa/ dissenyador.

El brífing ens permet verificar la informació contextual que es té sobre el client, el mercat i la correcta identificació de l'observació de les necessitats i la correcta visualització de les oportunitats per fer el projecte.

El brífing serveix per delimitar «la promesa», ens serveix per:

— Pressupostar: valorar amb exactitud els costos del projecte i els aspectes per determinar la complexitat de la feina i poder planificar correctament el temps i els recursos.

— Guiar. Guiar: enmarcar el projecte, determinar-ne els límits i definir els objectius. Durant el projecte, els dissenyadors tenen en el brífing una referència pel seu treball i un document de constant consulta i revisió.

— Evaluar: estudiar les propostes, els replantejaments i els arguments; autoevaluar els resultats parcials i finals per poder satisfar les expectatives generades. Tindrà les especificacions i els condicionants del disseny del producte. És el primer nivell de concreció d'un encàrrec. Es manifesta i plasma en idees viables.

El brífing pot tenir diferents formats i sol contenir les següents informacions que poden referenciar-se en annexos:

EMPRESA (QUI)
S'analitza la pròpia marca, facilitada pel client o fruit d'un anàlisi. S'investiga l'empresa, s'obté informació del seu origen i la seva trajectòria. S'ha de tenir clara la identitat de l'empresa i s'analitza el seu catàleg (els productes, les tipologies, el llenguatge, els dissenyadors, els lemes, entre d'altres).

PRODUCTE / MERCAT (ON)
S'analitza el producte en el mercat. S'analitza la competència directa/indirecta (els preus, les dimensions, els materials, el pes, etc.). S'analitza una possible col·laboració amb altres marques. S'analitzen els punts de venda (on, com i amb qui es vendrà el producte).

USUARIS (PER A QUI)
S'analitza el perfil del consumidor, l'usuari o el receptor. S'analitza l'usuari directe (qui utilitzarà el producte) i l'usuari indirecte (qui comprarà el producte o l'utilitzarà en alguna fase del procés). Es segmenta el mercat al qual es dirigeix. Es demanen fotografies, retrats, imatges d'objectes que utilitzen el producte. S'analitzen objectes, situacions o marques relacionades amb l'usuari del segment.
TIPOLOGIA/COL·LECCIÓ (QUÈ)

Es plantegen possibles idees (una o diverses) sense la corresponent presentació. Com va sorgir? Per què ara? S'analitza quina és l'oportunitat. Què volem aconseguir? S'analitzen els objectius i les expectatives i s'elabora un mapa de referents previs o existents en el mercat. S'avalua com encaixa el projecte en les estratègies de l'empresa.

CONCEPTES (PER QUÈ)
Es busquen les paraules clau que contindran la intencionalitat del projecte. Es pot presentar en un moodboard o mapa conceptual amb imatges.

ADJECTIUS (COM)
Es busquen els valors afegits que persegueix l'estratègia per tal d'incloure'ls en el producte.

El brífing hauria de contenir els annexos amb documentació complementària o enllaços a les fonts d'informació. En aquests annexos es pot trobar:

— Informació important dels valors, la missió i l'essència de marca de l'empresa. La visió de la companyia, dels responsables que la dirigeixen, dels consultors que l'assessoren. La informació estratègica de quants productes treuen anualment i quines són les àrees que potencien, per exemple, publicitat per entendre cap a on van els esforços de creixement. La informació corporativa de com funciona la imatge gràfica en els seus productes, com es sol aplicar el logotip, colors, dimensions i aplicacions, manual d'imatge corporativa. S'inclouen també exemples d'altres dissenyadors que han col·laborat amb la marca, com han incorporat les idees o com entenen la innovació.

— Informació d'estratègia de posicionament de la marca, on vol posicionar-se l'empresa amb l'encàrrec d'aquest producte.

— Anàlisi dels productes de la seva competència directa i indirecta a través d'enllaços als seus catàlegs.

— Catàlegs de l'empresa que es proposa, enllaços a possibles catàlegs impresos o en línia, amb els sectors que toca la marca, i el catàleg específic en el qual apareixeria el producte a dissenyar.

— Es podria adjuntar també un ventall de possibilitats de materials i processos de producció pel producte, com dels acabats que pot aconseguir la marca, el sector o els proveïdors.

Amb el brífing es determinaria la contractació dels termes i dels límits de l'explotació de la idea o el disseny.

— Els requisits indispensables que ha de tenir el nostre projecte (els materials, el fet d'adaptar-se a certes tecnologies o processos, a quantitats d'unitats previstes, els costos). La producció dins i fora de l'empresa, de proveïdors i recursos propis, la normativa o la legislació que afecta al disseny. També es determina l'equip intern que col·laborarà en el projecte i s'identifiquen els interlocutors (càrrecs, responsabilitats i funcions).

— El pla de disseny, que inclou les dates de l'entrega, els plaços, el calendari de seguiment, els equips de treball.

— Els pagaments (si serà per drets d'autor, per projecte) i també es determinen les fases de cobrament.

3.4. Conceptualitzar

A continuació es mostren diferents gràfics per explicar el procés de disseny en les fases i les accions que es realitzen en cadascuna.

Hem vist diferentes tècniques relacionades amb la recerca d'oportunitats, amb verbalitzar possibles camins a escollir o verbalitzar els límits del nostre projecte.

El dissenyador ha de dir una cosa i només una sola cosa, hi ha moltes possibilitats, però només una és l'adequada.

A continuació toca dissenyar les propostes: conceptualitzar, formalitzar i experimentar.

Dissenyar mobiliari pot realitzar-se com un acte molt físic des del taller amb els prototips, però pot realitzar-se com un acte molt net, des del despatx, amb un conjunt d'exercicis mentals i de representació. Tot i així, el control del volum requereix materialitzar i comprovar el què esta passant en l'espai.

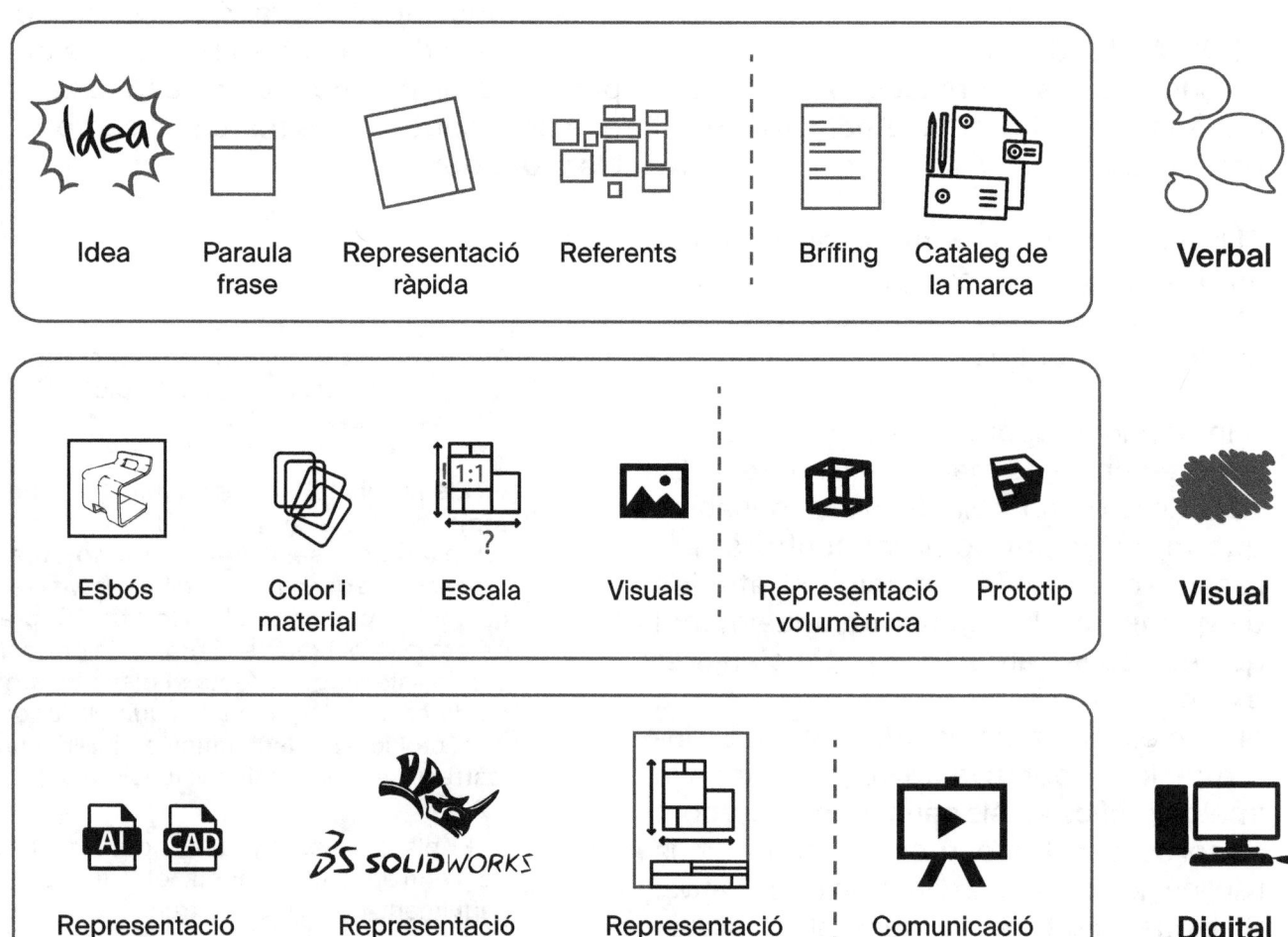

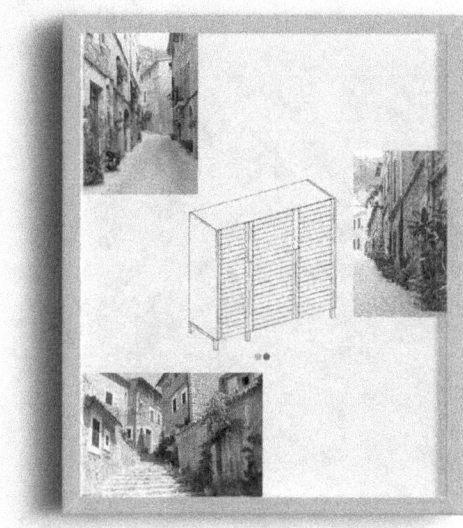

Mobiliari de Bustper, un minibar fet per a Papila. S'utilitzen unes imatges juntament amb uns esbossos. Les imatges de pobles, a través de captures en les quals apareixen persianes, són el recurs que s'utilitza per generar el producte i per comunicar els valors mediterranis que el producte vol transmetre

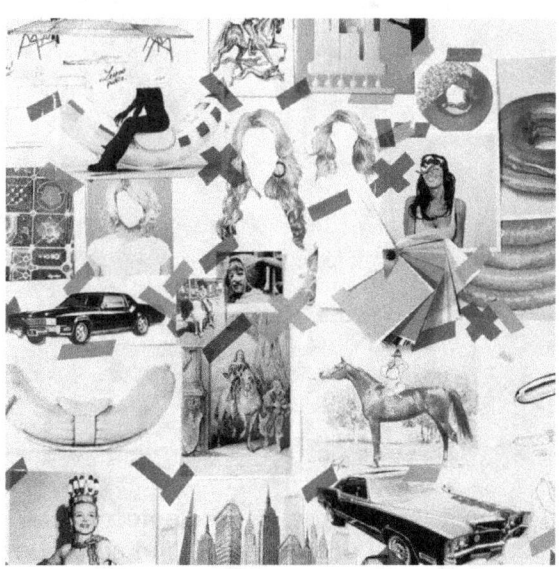

Els dibuixos i el *moodboard* de Jaime Hayon i Nienke Klunder per a l'exposició d'American Chateau-Room One. Realitzada a Spring Projects el 2009. «Icons of the booming, fast-food American dream, a kind of Versailles meets Disneyland hybrid...»

La conceptualització consisteix en formar conceptes o organitzar un conjunt de coneixements en un sistema d'idees.

Conceptualitzar combina aprendre i conèixer, explorar, analitzar, verbalitzar i visualitzar opcions.

Per tal de treure idees es pot fer ús d'imatges i mapes conceptuals. Es poden utilitzar imatges de referència per tal de comprendre com comunicar valors i conceptes.

A l'escola es propicia el treball individual i s'acostuma a deixar tres setmanes per realitzar aquesta fase.

Aquestes imatges podem combinar-les si ja existeixen o crear-les si no trobem visualitzacions del que es vol expressar.

Abans i durant el procés de formalització, es pot tornar a veure en aquests referents visuals formes i maneres i establir un diàleg entre la feina feta i l'existent.

Recomanacions per conceptualitzar:

— Utilitzar esquemes que incloguin paraules, valors, adjectius, lemes, frases, imatges, materials, dibuixos, colors, etc.
— Treballar en analògic realitzant un *collage* és més fàcil per ordenar les idees físicament. Això requereix imprimir les imatges, però ens ajuda.
— Es poden modificar imatges amb filtres.
— Podem utilitzar una eina com Pinterest o Tumblr.
— Buscar comunicar allò que pretenem fer.
— Podem trobar exemples de projectes similars al que ens agradaria reinterpretar.
— Podem trobar imatges del que no volem fer.

3.5. Formalitzar

Formalitzar consisteix en visualitzar la idea, la intenció o simplement les corbes que delimitaran l'objecte, la seva aparença exterior o la forma en la qual es pot veure les diferentes decisions relacionades amb la forma, els materials, els colors i el procés de fabricació.

Formalitzar consisteix en donar forma, posar la idea en moviment. Si la primera decisió és bona, totes les altres decisions parcials ja estan preses i el dissenyador ha d'estar atent a allò que el projecte li demana.

Esbossar i dibuixar ens pot proporcionar informació sobre què està passant i ens permet establir un diàleg amb el projecte i un procés de treball cronològic cap a alguna part, en un punt concret del procés de disseny.

A través de visualitzar el propi dibuix i les diferentes propostes formals, es realitza un anàlisi reflexiu que proporcionarà una base per donar suport a un ús eficaç i eficient del temps i l'esforç del dissenyador. Diferents estudis han confirmat que el dibuix preval, és necessari i imprescindible en la fase conceptual pel dissenyador per tal de comunicar-se amb ell mateix i resoldre el que està passant.

La formalització pot realitzar-se utilitzant un llapis gruixut, llàpis de colors o retoladors, *sharpies*... Es poden utilitzar diferents colors de punta fina i gruixuda per generar i explicar volums i per visualitzar el sentit que es dona al material.

El dibuix inclourà vistes i perspectives del moble o les seves variacions com fa Max Lamb.

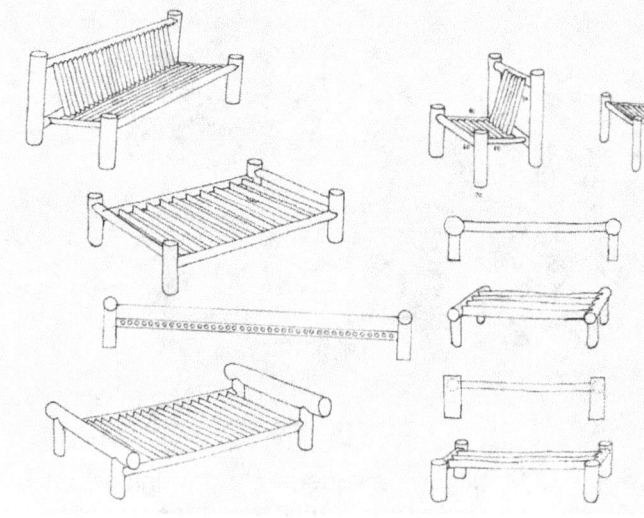

El dibuix a llapis de Max Lamb de la col·lecció «Woodware Sketch» per a la galeria Fumy, on es visualitzen les vistes i alguna imatge de detall d'entrega del moble (*www.galleryfumi.com*)

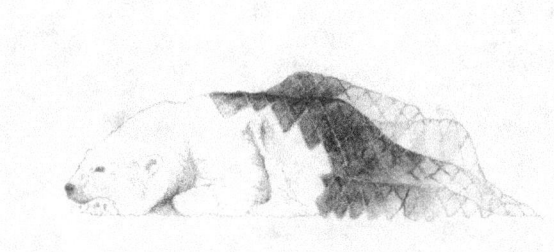

Benjamin Graindorge pel projecte de Kvadrat: Hallingdal 65. Es tracta d'un sofà que sembla una pell que genera d'una forma molt orgànica que parteix de una manta de cobreix un os blanc, 2012 *(www.hallingdal65.kvadrat.dk/)* (*www.benjamingraindorge.fr/*)

Es pot fer una proposta descriptiva delimitant els aspectes destacats de la proposta i dibuixar-la de forma realística, aproximant-nos a l'objecte. Però també es pot fer d'una manera artística buscant la taca o la forma o d'una manera conceptual per explicar conceptes abstractes com seguretat o bellesa, com les il·lustracions pel sofà Wild, realitzades per Benjamin Graindorge.

A l'escola s'acostuma a propiciar el treball individual i s'acostumen a deixar tres setmanes per realitzar aquesta fase.

És important tenir un ordre del procés de disseny i en els primers cursos es demana utilitzar un quadern de dibuix, per tal que les propostes no es perdin i es pugui veure el conjunt del treball elaborat en la reflexió. És important la perseverància, l'autoestima i una forta intenció de voler generar moltes solucions. Tot al que s'ha renunciat deixarà constància i farà el projecte més enriquidor.

La fase de formalització es presenta a classe amb una defensa oral i s'utilitzen com a imatges les diferents propostes. És important que es dibuixi pensant en l'escaneig de les propostes per tal d'aprofitar el temps de cara a la presentació. Les propostes poden tenir el nombre de variacions que es considerin oportunes, és important que es presentin amb les vistes necessàries i suficients per comprendre els productes amb els seus materials. Es poden incloure imatges de detall en les quals es mostrin informacions complementàries del moble.

Aquesta etapa es considera la més creativa o artística. El primer pas per afrontar el repte que suposa l'acte de crear és tenir una actitud creativa que està formada per un instint curiós, per l'inconformisme i la motivació i la iniciativa que s'uneix a la valentia i el coratge de buscar quelcom nou. Sense afrontar riscs o sense curiositat i recerca és impossible que es produeixi una troballa.

Recomanacions per formalitzar:

— Dibuixar un terra o espai on estarà el producte.

— És recomanable posar una mica d'ombra a sota del moble (negre o gris) i generar els reflexos oportuns si estem proposant un producte amb un acabat brillant (colors clars o blancs).

— Utilitzar fotografies de suport d'altres objectes i calcar a sobre possibles modificacions i variacions.

— Dibuixar uns rectangles posteriors, per emmarcar el producte. Poden reomplir-se amb tinta o amb línies equidistants.

— Si el moble és plegable, extensible o té moviment es col·loquen fletxes, puntes i línies de direcció que mostrin com s'aconsegueixi el moviment.

— Si es tracta d'una superfície de fusta corbada o còncava, es col·locaran línies per marcar la volumetria del producte. De vegades es deixen línies de construcció amb línia fina.

— És imprescindible col·locar notes que identifiquin els materials, els usos, les utilitats del producte, etc.

3.6. Experimentar

En aquesta fase s'ha de decidir alguna proposta i prototipar, la qual cosa pot significar pot significar construir un model de la idea. Pot consistir en una primera primera aproximació volumètrica, una premaqueta o una maqueta dimensional mitjançant paper o cartolina.

Digitalitzar pot permetre donar més definició al que es busca o perdre's completament.

Experimentar és provar a partir de les possibilitats de materials i processos, experimentar amb uns objectius definits de creació de nous materials, experimentació amb acabats o nous processos amb la finalitat d'obtenir nous resultats per aplicar en productes concrets. A partir del catàleg del fabricant podem fer una selecció d'acabats de fusta o del tapissat per tal de simular com funcionarien els elements.

Es poden generar impressions, maquetes bidimensionals a escala en interacció d'un espai amb persones. Es poden experimentar i construir els principis, fent cada vegada un model més acurat per anar definint detalls de forma i funció.

Es poden idear prototips físics que també ens serveixen per comunicar idees a diferents interessats i comprovar els seus efectes.

S'ha d'intentar treballar a escala de forma escultural, per exemple, utilitzar una cadira ja existent. Es pot redissenyar a partir de mobiliari com cadires existents. S'han de seleccionar peces que funcionin, que siguin còmodes i tinguin les dimensions ben estudiades i fer retoc de dimensions, gruixos i corbes per tal d'adaptar-ho a la proposta conceptual pròpia.

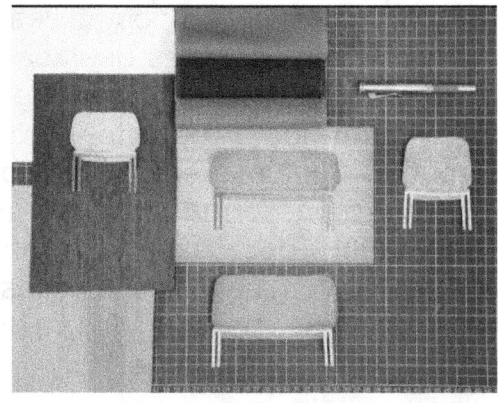

A la col·lecció «New Lana» per Madeinondarreta de Yonoh (Clara del Portillo y Álex Selma) es pot veure el procés de provar colors i acabats per a col·lecció

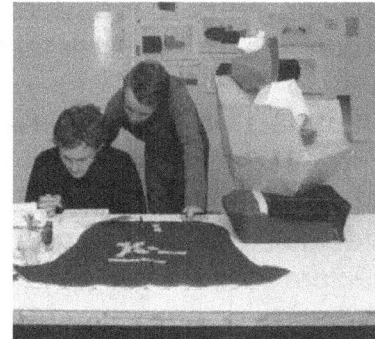 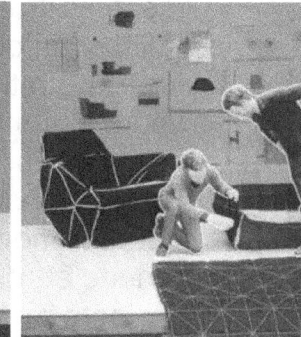

«Facet» dels Germans Bouroullec per a Ligne Roset, es pot veure com s'ha desenvolupat una col·lecció de cinc ítems a través de diversos models

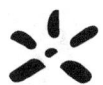

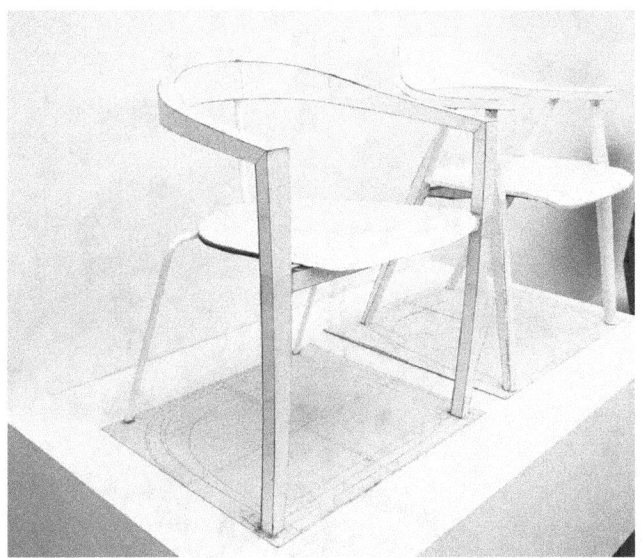

«Arc chair» Zilio (*www.zilioaldo.it/*), 2010, Itàlia, Tomoko Azumi, Models de paper i cartró (*www.tnadesignstudio.co.uk/*).

Per digitalitzar un volum o per copiar un volum podem utilitzar un transportador de mesures o el compàs. Per tal de digitalitzar-lo, hem de medir-lo i podem dibuixar-lo a partir d'un peu de rei, tot i així existeixen alternatives.

Podem utilitzar una càmera de fotografiar i fer una fotografia de l'alçat o perfil o diverses fotografies a 360° utilitzant un programari tipus 123dCapture (Autodesk).

Podem fer servir un escànner 3D com el Cubify: 3D Sense (300 euros), MakerBot Digitalizador (900 euros), Kinect (80 euros que precissa del *software* específic de desenvolupadors: Scanekt).

També podem anar a una pàgina web que contingui peces ja fetes, descarregar-les i modificar-les, com
www.i.materialise.com
www.grabcad.com
www.3dcontentcentral.com

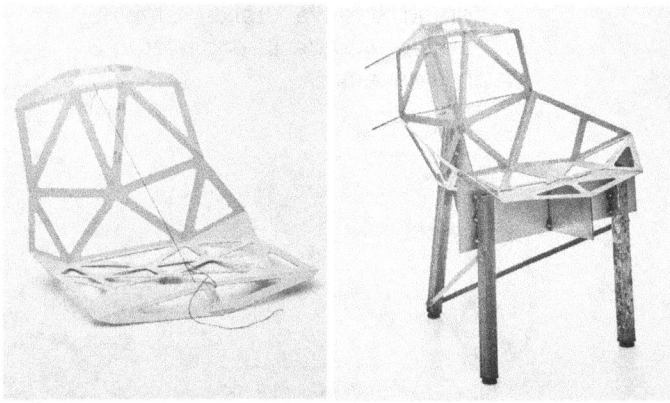

Model de la «Chair One» de Grcic (*www.konstantin-grcic.com/*), prototip núm. 3 i 1, realitzats amb paper i cartró per tal de comprendre la geometria i per tal de fer proves ergonòmiques.

També es recomana dissenyar a partir d'un objecte que tenim en físic que sabem que funciona ergonòmicament. Podem fer una selecció, per exemple, de la millor cadira i fer una intervenció a sobre amb cartolines per tal d'incorporar el nostre disseny o formalització amb les mesures oportunes.

Intervenció sobre una cadira Antz d'Arne Jacobsen desenvolupa el 1951. Ofereix comoditat i estabilitat. En aquest projecte es dibuixen les corbes per tal de buscar la superfície, per dibuixar en ordinador. Es calquen les corbes en unes costelles i es medeixen els punts als quals es troben cada una de les corbes. Es passen les corbes a un programa i es fa la superfície a través d'un *barrido, loft o sweep two rails*.

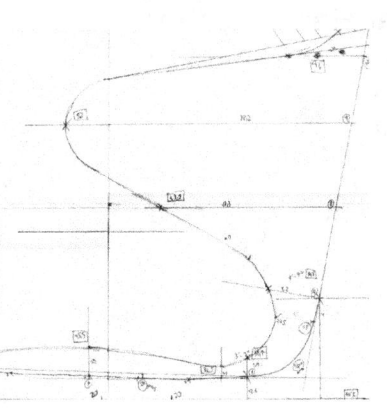
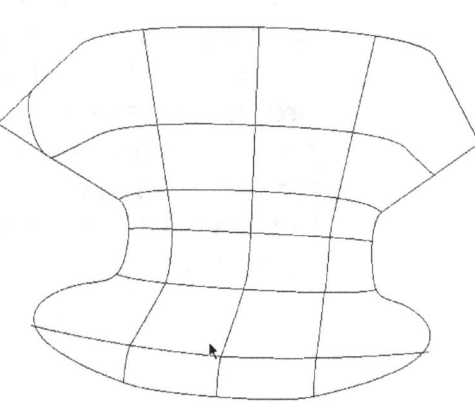

3.7. Desenvolupar

Desenvolupar és evolucionar o fer créixer, formular com, amb què i de quina manera.

És determinar i definir formes, materials, detalls, acabats, textures, mecanismes, sistemes i gruixos i altres característiques.

El desenvolupament consisteix a perfilar, afinar i establir clarament quines són les dimensions, el conjunt, el subconjunt i els components.

També consisteix a plantejar la realització dels plànols i es defineix quina serà la proposta dels materials i els processos que utilitzarem per a la realització del nostre disseny i si utilitzarem ferratges.

En aquesta fase podem triar entre:
— El material normalitzat que ens faciliti la serialització (Hafele).
— El material de partida; si es tracta de fusta, per exemple, se n'han de determinar els gruixos.
— El procés de fabricació, s'han d'entendre les operacions i la maquinària que s'utilitzarà.
— El procés de muntatge.
— El sistema com s'enviarà en el transport.

S'ha de comprendre com s'uniran els components i en quin ordre, acotar i delimitar el valor afegit real. Hem de saber què aporta la nostra idea, contribució i proposta i emfatitzar-ho, exagerar-ho, engrandir-ho, ennoblir-ho. Ho hem de fer des d'un punt de vista personal amb les revisions tècniques, que sol·licita posicionar-se.

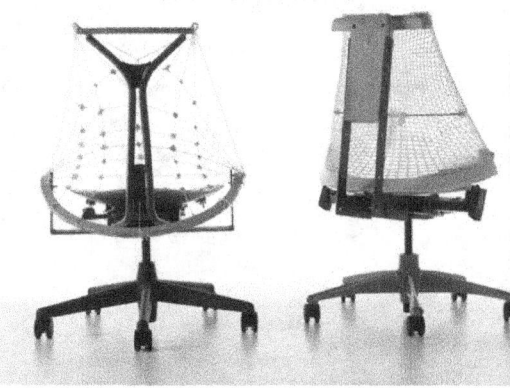

Cadira «Sayl» d'Yves Behar per a Herman Miller, un procés iteratiu que va créixer amb la col·laboració de 12 enginyers i 3 anys de feina

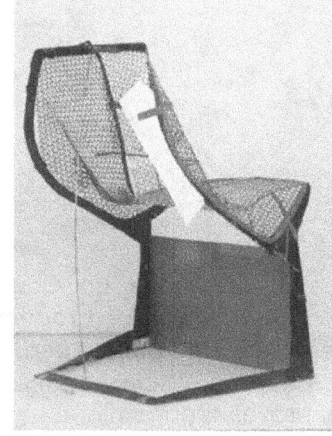
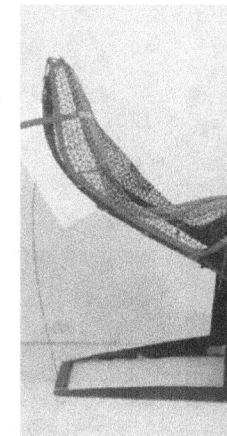

Cadira cantilever «Myto» de Grcic realitzada per promocionar el material Ultradur® High Speed de Basf

3.8. Contrastar

Aquesta fase consisteix a realitzar prototips i provar-los amb un públic objectiu, solucionar problemes ergonòmics, cosa que requereix proves contínuament, establir com s'agafa el producte, com es treu, com es tanca, com s'obre, quina és la seva posició oberta i tancada, delimitar una doble posició, en en ús i desús, si la peça és portable, entre d'altres accions. Es prova la peça en els diferents escenaris.

En aquesta fase s'han de solucionar els problemes d'apilabilitat amb el producte. La falta d'espai fa que cada dia siguin més necessàries les cadires apilables, de vegades s'utilitzen carros amb rodes *stackers* que permeten que l'apilabilitat sigui vertical.

S'ha de provar el producte, en l'escenari en usuaris externs o entre alumnes. S'han d'utilitzar les opinions i percepcions per millorar el disseny.

Per investigar l'abast complet de les interaccions de l'usuari, és possible que es necessiti construir tres o quatre escenaris al voltant de les necessitats d'un caràcter diferent i millorar el producte amb cada interacció.

La cadira «Setu» de Herman Miller de Studio 7.5 va necessitar més de 30 prototips.

El següent pas és assegurar-se de la factibilitat del producte des de les possibilitats tècniques de producció. Cal tenir un contacte amb el proveïdor o amb l'oficina tècnica per tal de seleccionar conjuntament els materials i processos amb els quals es produirà, s'ha d'investigar i justificar de quins materials es realitzarà el moble.

En aquesta fase es determinen els gruixos gruixos finals, si es tracta d'una peça que requereix motlles, delimitar els desemmotllages i *partatges*. Convé assegurar-se que el disseny pot realitzar-se per peces i serà possible el seu procés de muntatge.

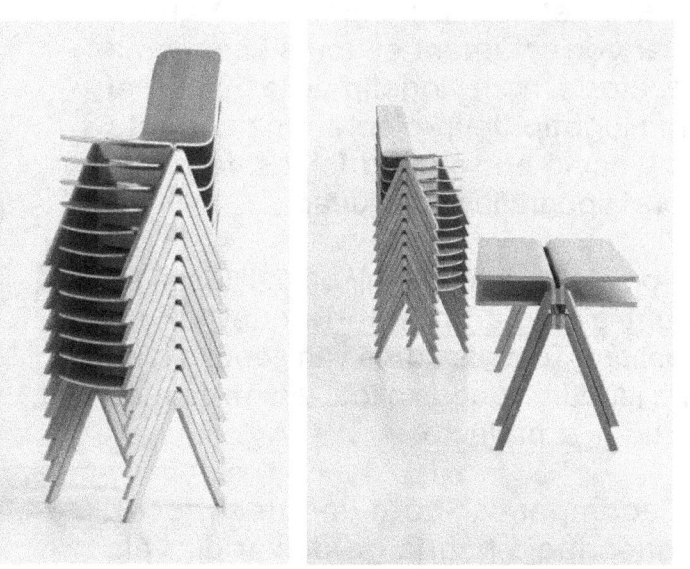

Col·lecció «Copenhague», Germans Bouroullec, Hay, 2012. Es tracta d'una col·lecció de mobiliari per a la universitat de Copenaguen (KUA) completament apilable (*www.bouroullec.com/?p=252*)

3.9. Defensar

Després d'un treball d'avaluació i comprovació de les propostes podem anar a ensenyar-les al client.

La defensa és la presentació davant del client, d'un possible inversor, dels socis o del proveïdor corresponent.

Un cop desenvolupades les hipòtesis de treball i després d'haver utilitzat bones i variades maneres de representar-les i expressar-les toca defensar-les. És interessant portar tot el material que mostra l'evolució de la hipòtesi de treball. També s'haurien de portar les diferents propostes de solucions al problema que s'han verificat, la seva viabilitat i els models que hem seleccionat com els més adients. És per això que es porta als al client o ensenya a l'empresa on es creu que els pot encaixar.

Si s'aporten diverses propostes és imprescindible que hi hagi una pàgina de resum en la qual es visualitzin totes les propostes o les versions que s'haguin realitzat versions per tal de poder discutir-les.

És complicat preveure com sortirà una visita amb un client, perquè surti bé es recomana preparar bé la reunió i portar els materials que siguin necessaris:

— Documents enquadernats en format revista o publicació amb la informació necessària i suficient.

— Plafons en suport rígid amb imatges.

— Maquetes o prototips que complementin i enllacin amb la part real del projecte.

«Triem l'opció B, no la toquis, però posa'm la pota de la A i el respatller de la C, però que al final quedi com la B. M'entens?»

Product Manager d'una marca

«Per tancar, queden, llavors, dues opcions. La primera, que és la més barata, és la més senzilla. La segona és molt millor però més cara. Decidim la més simple».

Director de màrketing al dissenyador

«Això és tot? No porteu res més?»

Gerent després de veure dues propostes

Tots els materials han de tenir quelcom que els identifiqui com un conjunt, una referència a través d'una plantilla, una quadrícula, amb el color, les textures o un petit detall que els unifiqui. Han de portar correctament el noms i cognoms de l'autor, el nom i logotip de la marca i el nom i logotip del projecte. Una correcta combinació entre quadrícules, formats, colors i tipografies pot ajudar.

El projecte hauria de tenir un títol (*naming*) adient a la marca amb la qual estem treballant. Tots els noms van seguits d'un lema (subtítol) que expliqui una mica més de què va el projecte.

Cal acompanyar-ho d'una descripció. La descripció hauria de deixar clar els objectius que satisfà el nostre projecte o producte. El projecte es pot complementar amb unes icones que visualitzin els atributs, els beneficis i les aportacions que el projecte aporta.
Si el producte resol molt bé una necessitat

o problema, s'hauria d'emfatitzar la circumstància o representar l'escenari de forma clara realista o de forma esquemàtica en la qual el producte intervé de forma molt positiva.

El producte s'ha de veure en gran, és important col·locar algunes imatges en perspectiva que emfatitzin el producte.

Si s'entén amb una sola vista és més que suficient.

Tots els productes tenen una vista bona, hem de pensar quines són les vistes que emfatitzen la bellesa formal i sedueixen més del producte.

Podem utilitzar els diferents plafons o pàgines de la publicació per anar explicant, exposant i despullant el nostre objecte. És interessant composar imatges generals, vistes totals amb imatges en ús amb detalls que creiem que són importants del nostre producte, detalls que emfatitzen la nostra manera d'entendre i solucionar el disseny de l'objecte.

Si el producte és un conjunt de peces, és indispensable col·locar una imatge explotada, en la qual es vegin els components i el nombre de peces que tenim, juntament amb els materials dels quals estan fetes les diferents peces, unions, jugant amb les textures, intentar comunicar les propietats dels materials, si són tous, durs, brillants, transparents, translúcids, etc. És necessari simula si tenim elements que s'il·luminen o botons que s'accionen.

És imprescindible deixar clar si el producte serà sòlid o buit a través de seccions en una perspectiva, per entendre com s'ha pensat, com es disposarà el material i la nostra capacitat per saber resoldre l'interior i exterior.

Si el producte és dinàmic, és modular, és apilable o té peces que es mouen és bàsic incloure les diferents posicions (obert-tancat, plantat-estirat, amb-sense, plegat-desplegat) i complementar amb fletxes la il·lustració d'aquest dinamisme.

Es pot emfatitzar la presentació amb l'ús de cites d'autors, fotografies d'inspiració, esquetxos personals del procés, imatges de situacions que resolen el problema, etc. Sempre s'ha de combinar el pes, l'equilibri i la composició visual amb la destresa, la decència i la força gràfica.

Recomanacions per a les propostes:

— Caldrà preseleccionar les propostes més adequades.
— Podem utilitzar els adjectius, valors o intencions del brífing i de la conceptualització. Generem una taula amb variables com *elegant, ecològica, versàtil, pràctica, cridanera...* Ens pot servir per generar argumentari en la conversa.
— Podem fer una selecció més participativa, realitzant un sistema de votació físic per gomets en el despatx o en línia entre algunes amistats.
— Sempre serà una decisió personal. Apostar per la versió que segueix la coherència del propi estudi, empresa o agència.

DISCURS

És important preparar-se un petit guió sobre com es presentarà el projecte. Depenent del temps que tinguem per presentar-lo podem posar l'èmfasi en el llarg procés de treball que hem realitzat o, simplement, en mostrar els resultats.

Convé demostrar una gran capacitat d'evolució del tema o recalcar la idea principal essent molt clar i rellevant en la presa de decisions. Per tal de preparar una defensa, venda, comunicació és important:

— Conèixer l'audiència, saber a qui s'ha de satisfer, qui pren la decisió de compra, quins rols existeixen entre el client i els representants de la reunió.

— Conèixer el tema que es presentarà. Com que es tracta d'un projecte propi, això podria sembar fàcil, però és bàsic memoritzar arguments positius, interpel·lin a l'altre a pensar positivament.

— S'han d'utilitzar cadenes, causals lògics, per tant, connectors com en conseqüència, lògicament, etc. Així es condueix el pensament de l'audiència. Si disposem de diferents arguments, hem d'utilitzar els més sòlids al principi i al final. I hem de contraposar els arguments racionals i emocionals a l'inici i al final també.

— Comprendre com serà la defensa o presentació. S'ha de fer una visualització positiva de l'espai, si la presentació serà individual, en grup o davant d'un conjunt de persones. Convé tenir en compte que s'han de posar els noms en els documents, presentar-se i passar una fotografia perquè el tribunal o client relacioni la proposta amb la persona.

— Entusiasmar amb la teatralització de la peça sense que sigui interpretat com a fals, irònic, una sàtira o una burla. Hem d'estar compromesos amb la coherència del missatge.

Abans de la presentació s'ha de preparar i estructurar el discurs. L'estructura clàssica pot ser l'estructura que va plasmar el gran orador clàssic, Ciceró, considerat el pare de l'oratòria clàssica, segons qui el discurs s'ha d'estructurar en tres parts:

1. INTRODUCCIÓ

La introducció inclou una bona captació de l'atenció de l'oient (*captatio benevolentiae*) amb un recurs com podria ser una anècdota. Després, es pot fer servir el recurs de la *dispositio*, la distribució dels elements que s'han de tractar.

S'introdueixen aspectes positius que més tard reforçaran la defensa i es presenten les credencials que confereixen més credibilitat a l'emissor.

En una presentació en grup, no es tracta de repartir només les peces d'informació. Convé tenir clar com us presentareu? introduirà la resta de membres? Cada membre es presentarà?

S'han de buscar els punts en comú que comparteix l'audiència i l'orador. En una negociació, hem d'establir punts de connexió; no podem començar enumerant punts de desacord i egrimir excuses o debilitats. Si comencem marcant diferències ens desconnectem de l'espectador.

2. DESENVOLUPAMENT

S'exposen favorablement les circumstàncies que concorren en la causa (*narratio*). Pot ser una mena d'història. En aquesta part, és important fer confirmacions. L'atenció de l'oient ronda els 20 minuts, així doncs, és necessari emprar elements de sorpresa, d'humor o que causin cert impacte i recridin l'atenció. Cada certs minuts també és important repetir una frase o títol (*claim*), és a dir, un element que confirma la proposta.

Durant la narració i argumentació (*narratio i argumentatio*) és important dinamitzar el sí i evitar el no. Mai s'han d'exposar excuses. És important no presentar una sola resposta com la resposta única. Es poden incoure altres solucions dins de la documentació.

Convé anticipar els possibles punts de desacord i oferir alternatives i mostrar altres possibilitats. Els desacords s'han de neutralitzar o desarmar. És millor que el client comuniqui en què difereix aviat.

S'han d'evitar les generalitzacions o veritats absolutes, com «tots els consumidors diuen...». L'abús d'arguments universals provoca que l'oient reaccioni dient «no tots», «depèn», etc.

Així doncs, en definitiva, és interessant provocar que l'audiència arribi a una conclusió per si mateixa.

3. EPÍLEG

En aquesta part s'anuncia el final usant expressions com per acabar, finalment, i d'altres del mateix estil. S'ha de col·locar el missatge dins del context de la raó i de les emocions.

La cloenda ha de ser breu però no precipitada, és el moment de la presa de decisions.

S'han d'exposar les conclusions amb dades estadístiques i amb històries que toquin les emocions relacionades amb el tema i amb l'audiència.

Mai s'han d'utilitzar fórmules com «bé, s'ha acabat», «ja està», «ja he acabat» ni dir «quin pal». S'ha de comunicar la satisfacció de l'emissor per haver tingut l'oportunitat d'exposar la proposta i s'ha de donar les gràcies.

Cal crear un tancament, com si s'hagués creat una imatge inicial i final, com els tancaments de la Gestalt.

L'impacte inicial és clau. Caure bé o malament pot dependre de com s'entra a l'escena (d'un somriure, d'una mirada, de si es dona la mà amb força i confiança).

Entregar una targeta de visita amb les dades de contacte abans de començar és una mica violent i se sol fer al final.

PRESENTAR EN GRUP

Si hem de presentar en grup, de vegades, és interessant assignar rols com el líder de la presentació o de la negociació, el d'un ajudant afavoridor, el d'observador.

L'observador analitza com reacciona el client i sap com reaccionar davant de les respostes positives o negatives del client o l'audiència.

S'han d'analitzar les reaccions facials. En una agència de publicitat, en el procés de negociació, el creatiu no discuteix amb el client, sinó que ho fa el responsable de comptes, ja que el creatiu podria tenir una discussió frontal sobre el concepte que no afavoriria a l'evolució de la proposta.

Si és necessari aparcar o descatalogar algú perquè es posa molt nerviós o no se l'entén, o si la seva presència no aporta és important cenyir-se a l'estratègia i desresponsabilitzar a aquesta persona.

ASPECTES DE FONS

Durant la presentació, la veu ens delata i cal establir una relació entre l'assaig i la seducció amb el to de veu. A més, els canvis en l'entonació ajuden a que l'audiència no desconnecti del discurs.

Podem buscar pauses que emfatitzin moments. A més, ens hem d'adequar al resgistre a nivell de lèxic, velocitat, melodia, ritme, etc. És representatiu l'exemple del registre de la ràdio.

Hem de buscar la veu que ens representa en aquesta nova situació. Utilitzarem una veu convincent durant tota la presentació i l'acabarem amb un to que transmeti seguretat i força.

ASPECTES DE FORMA

Es comunica a través del cos, per això s'ha d'estar còmode amb les postures i els gestos que utilitzem. La cara i les mans actuen com a potenciadors de la mirada i l'expressió facial. Les mans a la butxaca tenen una connotació negativa. Les mans s'han de moure simètricament, més que no pas asimètricament.

Durant tota la presentació, s'han de buscar les cares, els ulls. S'ha comprovat que en una presentació davant d'una audiència les persones a les quals no mira el ponent valoren més negativament la ponència. Es pot optar per mirar a les cares més amables, les cares somrients o les que demostren tenir tota l'atenció posada en el discurs.

Sempre s'ha d'estar pendent del públic. Depenent de la reacció que detectem, podem fer preguntes i tractar de provocar una reacció en l'audiència. Convé fer-lo entendre que estem al seu costat, que estem al seu servei. Per això no s'ha de contradir frontalment al client. Hem d'aprendre a observar per saber detectar si l'audiència està d'acord o en desacord amb el discurs.

A més, hem de tenir present que sempre connectem millor amb un somriure. Si l'exposició la fem en grup, és important que es mogui la persona que parla. És més important l'emissor que la pantalla, per això s'ha de tenir un camp d'acció, en el qual intervinguem en la situació central. Si, per exemple, necessitem saber si l'audiència està mirant el Facebook, és interessant avançar fins al final de la sala per veure les pantalles o passar per darrere seu.

Així mateix, cal deixar que sigui l'oient qui arribi a la conclusió. Se l'ha de tractar com algú intel·ligent i no tractar-lo de forma infantil. S'ha de tenir molta paciència per argumentar la solució i es pot jugar amb el bolígraf en benefici propi.

S'han d'evitar els mots repetitius («sí?», «no?»), així com tocar-se el cabell, netejar-se les ulleres, tocar-se la cara amb les mans, rascar-se. S'ha de vigilar que la roba interior no provoqui picors ni que ens pugui picar el nas. I, sobretot, no s'ha de badallar.

MATERIAL

Prèviament a la presentació, hem de pensar i preparar el material que hem de portar:

— **Documents originals:** si disposem d'unes memòries podem començar presentant els documents i deixant-los perquè el client o tribunal els revisi. Depenent de la qualitat o els errors que puguin haver a les memòries és millor no ensenyar-les fins a la meitat de la presentació o directament al final.

— **Plafó:** és interessant remarcar-lo o posar-lo en relleu en algun moment en algun moment i utilitzar-lo. Això es pot aconseguir mitjançant oracions com «Com podeu observar en el plafó…» o «la descripció de l'objecte, que trobareu en el plafó».

— **Objectes o prototips:** és interessant mostrar en algun moment el prototip, fer una petita interacció mostrant com funciona o com s'utilitza.

— **Documents que s'han de presentar:** S'ha de portar l'arxiu en diferents dispositius i guardar una còpia en línia al Dropbox o enviar-nos-el per correu electrònic, per si hi hagués algun problema. S'ha de enir en compte que els projectors no solen estar ben calibrats, si és necessari s'ha de portar un projector, un portàtil o una tablet.
Les imatges, fotografies i dibuixos que es posin han d'estar ben contrastats i mai han de ser de línies massa fines. Es poden utilitzar presentacions de Powerpoint, Prezzi o documents PDF interactius. Incloure poques coses per pàgina i fer servir moltes pàgines millora la presentació i la fa més clara. Segons Guy Kawasaki, hauríem d'aplicar la llei de 30/20/10, és a dir, no fer servir més de 30 diapositives en 20 minuts sense text inferior a 10 punts. A baix a la dreta podem incloure el nombre de pàgina actual i el nombre de pàgina total.

A l'hora de fer la defensa, és important pensar en preparar tot aquest material:

— **Full de resum:** pot ser el guió de lectura, de l'estudi o de seguiment; un esquema o, fins i tot, el text complet.

— **Documents que s'han de presentar:** podem enviar-los unes hores abans de fer la presentació per correu o tenir una còpia al núvol per si de cas (nom_cognom_presentació.pdf).

— **Documents que s'han d'entregar:** els arxius, denominats de la forma correcta, com s'exemplifica a continuació.

nom_cognom_memòria.pdf
nom_estudi_descriptiva.pdf
Shortcut_estudi_memòria_tècnica.pdf
nom_cognom_catàleg.pdf
nom_cognom_plafó.1.pdf
nom_cognom_plafó.2.pdf
nom_cognom_plafó.3.pdf
Formats: PDF, PPS, PPT, etc.

Es recomana aportar les mesures i les resolucions en els formats adequats; les tipografies, trassades; que s'hagin revisat tots els documents abans d'imprimir, que s'hagi realitzat una correcció ortogràfica, etc. A més, els documents s'haurien de gravar en un disc dur extraïble, en un pen i fer-ne una còpia al núvol (a Dropbox, a Drive, al correu electrònic…).

GUIÓ

Si disposem d'un temps limitat és important preparar-se un guió que s'adapti al temps del qual disposem i que podria seguir un ordre com el que s'exposa a continuació. Índex per a 5 minuts. 300 segons:

— Presentació, 20 segons:
Mitjançant expressions com «bon dia», «ladies and gentlemen», «membres del tribunal», «gràcies per ser aquí avui», «gràcies per escoltarme», etc.

— Resum de la presentació, 15 segons:
Mitjançant expressions com «l'ordre de la presentació serà», «començarem», «seguirem», «concluirem», «veurem», etc.

— Introducció, 70 segons:
1. Presentar-se personalment
2. Resumir la percepció al/del client.
3. Breu descripció del cas d'anàlisis/estudi/projecte.
4. Denotar control i coneixement del context, cas, mercat en el qual estem treballant.

— Diagnòstic, 15 segons
5. Encàrrec, problemàtica detectada i proposta descriptiva.
6. Possible discurs conceptual o referents

— Proposta conceptual i resultat del moble o col·lecció, 145 segons:
7. Presentar el conjunt de la col·lecció.
8. Presentar breument però detalladament les peces més interessants.
9. Mostrar l'ADN de la col·lecció i com es repeteix en els diferents suports/tipologies.

— Proposta tècnica, 25 segons:
10. Mostrar control dels materials i la seva factibilitat de producció.
11. Mostrar la funcionalitat i la viabilitat de la col·lecció en diferents situacions.

— Conclusions, recomanació i avaluació personal, 20 segons:
12. Detectar i mostrar els punts forts i els dèbils.
13. Exposar què hem fet bé, què hauríem de millorar i mai amagar-ho.

— Comiat, 5 segons:
14. Recerca de feedback, impressions i comentaris.
15. Només respondre preguntes, no cal donar resposta als comentaris.

Recomanacions per a la defensa:

— Ser directe, precís i concís.
— Transmetre motivació i energia per vendre el projecte.
— Ser educat, simpàtic i oferir algun somriure.
— Estar relaxat però concentrat.
— No pretendre explicar tota la documentació.
— Reflexionar quins són els punts forts, la innovació i la contribució de la nostra proposta.
— Buscar i exposar els temes que s'han de millorar en finalitzar.
— Actitud positiva, segura, confiada, dialogant, educada, flexible i constructiva.
— Bàsics: anar còmode, net, ben descansat, menjat, ben hidratat i equipat amb aigua i caramels.

3.10. Comunicar

Per tal de preparar una bona comunicació és imprescindible disposar de les informacions necessàries de l'objecte.

Aquestes informacions inclouen:

DENOMINACIÓ
TEXT DESCRIPTIU
DIMENSIONS
CLIENT
ANY
ELEMENTS
CONFIGURACIONS

Una proposta de mobiliari té un autor, una marca que pot representar-se amb un logotip. Un projecte és imprescindible que tingui una **DENOMINACIÓ**, un *naming*.

El nom serà concorde al context, públic objectiu, marca i mercat que s'estigui intentant treballar. Tot projecte té un **TEXT DESCRIPTIU**, és a dir, el text que defineix el concepte, la intenció o el valor afegit que el producte aporta en el mercat.

Si es tracta d'una col·lecció és imprescindible que es defineixin els **ELEMENTS** que formen la col·lecció, el seu nombre i caràcter dins del sector. Cada **ELEMENT** contindrà el seu nom, que pot correspondre a una denominació numèrica o descriptiva tipològica de què estem oferint.

Si es tracta d'un sistema o programa disposarà de diferents **CONFIGURACIONS** que formen el sistema.

Aquestes informacions poden guardar-se en arxius sense format com txt o docs en la carpeta on tenim la informació del projecte.

El projecte sempre vindrà acompanyat d'imatges, fotografies que pot realitzar el dissenyador o que el dissenyador pot suggerir a un fotògraf segons com creu que queda millor la peça. Qualsevol projecte s'acompanya del següent:

FOTOGRAFIES DE RESULTAT
IMATGES DE PROCÉS

Les **FOTOGRAFIES DE RESULTAT** solen ser imatges, fotografies, fotomuntatges o *renders* de vista **GENERAL**, de **DETALL**, de **CONJUNT** en les quals es veuen tots els elements si es tracta d'una col·lecció.

És imprescindible que en la imatge de conjunt les peces estiguin en una mateixa perspectiva i escala, així pot fer una comparació visual dels diferents elements. Tot projecte requereix d'imatges i fotomuntatges del producte en els diferents **ESCENARIS**. Les escenes són interaccions entre els diferents elements i mostren possibles interaccions amb els productes i les **PERSONES**.

És recomanable que el producte es presenti en una sèrie de **SITUACIONS**, àmbits contextuals en els quals es farà servir.

Les **IMATGES DE PROCÉS** són aquelles que s'utilitzen per explicar el procés de disseny, la inspiració o com ha evolucionat el projecte. Poden ser des d'esquetxos fins a *renders*, maquetes o premaquetes.

Si el procés és interessant i important pel que fa a la proposta de valor, aquest s'adjunta en forma de comunicacions específiques a l'hora de presentar el disseny.

"NAMING"

El nom del producte o de la col·lecció correspon a com el dissenyador anomena els seus projectes i com l'empresa anomena els seus productes si auqesta té un sistema.

És important el nom que sigui inèdit en el mateix sector.
— Que sigui memorable.
— Que tingui un domini disponible.
— Que no existeixi a la xarxa, vinculant a l'hora d'emfatitzar de resultats a Internet. S'ha de comprovar quin significat té el nom en els idiomes en què comercialitza l'empresa.

De vegades, el nom correspon a una numeració, però sol respondre a la creació d'una identitat en la qual el nom i el concepte emfatitzen una mateixa idea.

A l'hora de crear el nom es poden utilitzar diferents recursos:

— Una localització o ciutat
(Toledo, Cadaqués, Belloch...)
— Un nom de persona
(Manolito, Moragas, Ramon...)
— Unes inicials
(LCW: Eames Lounge Chair Wood...)
— Unes plantes
(Roses, Gardenias)
— Formes geomètriques
(Losanges, Lattice, Diagrama, Spiral ...)
— Paraules ben sonants
(Moment™, Hylo)

IMATGE

La imatge pot ser vinculant a l'hora d'emfatitzar el concepte o singularitat de l'objecte o de la col·lecció.

És possible combinar IMATGES realitzades per ordinador amb FOTOGRAFIES reals, que és la tendència actual.

Les FOTOGRAFIES solen ser d'estudi o en localitzacions on es veu la millor perspectiva de la peça, simplement, es treballa amb l'objecte.

Actualment és imprescindible tenir FOTOGRAFIES DE PEÇA en fons blanc i en context o amb el llenguatge fotogràfic que requereixi el catàleg o la pàgina web.

Existeixen molt bons fotògrafs de producte, entre els quals destaquen:

— Maurice Scheltens i Liesbeth Abbenes
— Carl Kleiner
— Sarah Illenberger
— Nacho Alegre
— Marçal Vaquer
— Jose Hevia
— Coke Bartrina
— Jara Varela
— Rafael Vargas

VÍDEO

Actualment, és molt habitual que es realitzin vídeos per presentar un producte, vídeos que solen ser curts, de dos minuts. Podríem ordenar i diferenciar els vídeos segons la seva intencionalitat comunicativa relacionada amb el producte:

Comunicar el disseny d'un producte

És un vídeo qualitatiu en el qual on el dissenyador explica el producte mentre passen fotografies realitzades en estudi i de procés. De vegades funciona com una entrevista:

— Vídeo de presentació de la «Tube Chair» d'Eugeni Quitllet per a Mobles 114. (Poldo Pomés, 16/09/16, 1:12, font: *www.vimeo.com/183020180*).
— Vídeo de la modularitat de la taula «Lola» de Pepe Andreu. (Poldo Pomés, 5/04/16, 1:48, font: *www.vimeo.com/161626758*).

Artístic on es mostra part d'un disseny

— Vídeo de la col·lecció «Aleta» de Jaime Hayon per Viccarbe (*www.vimeo.com/258990805*).
— Vídeo de Scholten & Baijings per l'exposició Blush al Stedelijk Museum, realitzat per Scheltens & Abbenes (Scheltens & Abbenes, 02/05/11, 5:21, font: *https://vimeo.com/23145319*).

Comunicar un procés de producció

Aquest tipus de vídeos aproxima els processos de producció a l'usuari final. És com realitzar un making off de com es fabrica, com ha nascut i qui produeix el producte.

— Time and Space, Cristian Zuzunaga's collection (*www://vimeo.com/88051925*).

Comunicar la identitat d'una marca a través d'un producte

— Vídeo de l'Estoig de vapor a Lékué TV (font: *www.youtube.com/watch?v=iharxDnblEE*).

Comunicar el disseny d'una col·lecció

En aquest tipus de vídeo es mostra el producte en ús, en les seves diferents possibilitats en conjunt i per separat.

— Vídeo de la presentació de la col·lecció «Boring Collection» de Lensvelt and Space Encounters (Lernert & Sander, 1:49, font: *www.vimeo.com/160799263*).
— Vídeo de la presentació de la col·lecció «Polarity» amb les seves diferents peces i funcionalitats. Visibility (10/05/2016, font: *www.vimeo.com/166062747*).

Comunicar el llançament d'un producte o col·lecció

Es mostra un esdeveniment.

— Vídeo de Lagranja Collection «Launching» (Lagranja Design, 2/12/15, 2:15, font: *www.vimeo.com/147598367*).

Comunicar el disseny d'una instal·lació

En aquests tipus de vídeos s'explica el disseny juntament amb el muntatge i la seva instalació.

— Vídeo Pavillon modulable. Kiosque for Emerige, Ronan & Erwan Bouroullec, 2015 (Juriaan Booij, 2:30, font: *www.vimeo.com/140410062*).

A la Fira de Milà de 2017, Kartell va presentar «Contamination» amb la cadira de Phillipe Starck Generic. A la nota de premsa s'afirma que «als inicis fou l'essència de la cadira, en la seva puresa de la seva forma i funció. Després de cobrir-la de molts significats, ara és el moment de tornar al principi i descobrir models universals amb un treball de neteja de tots el que és accessori».

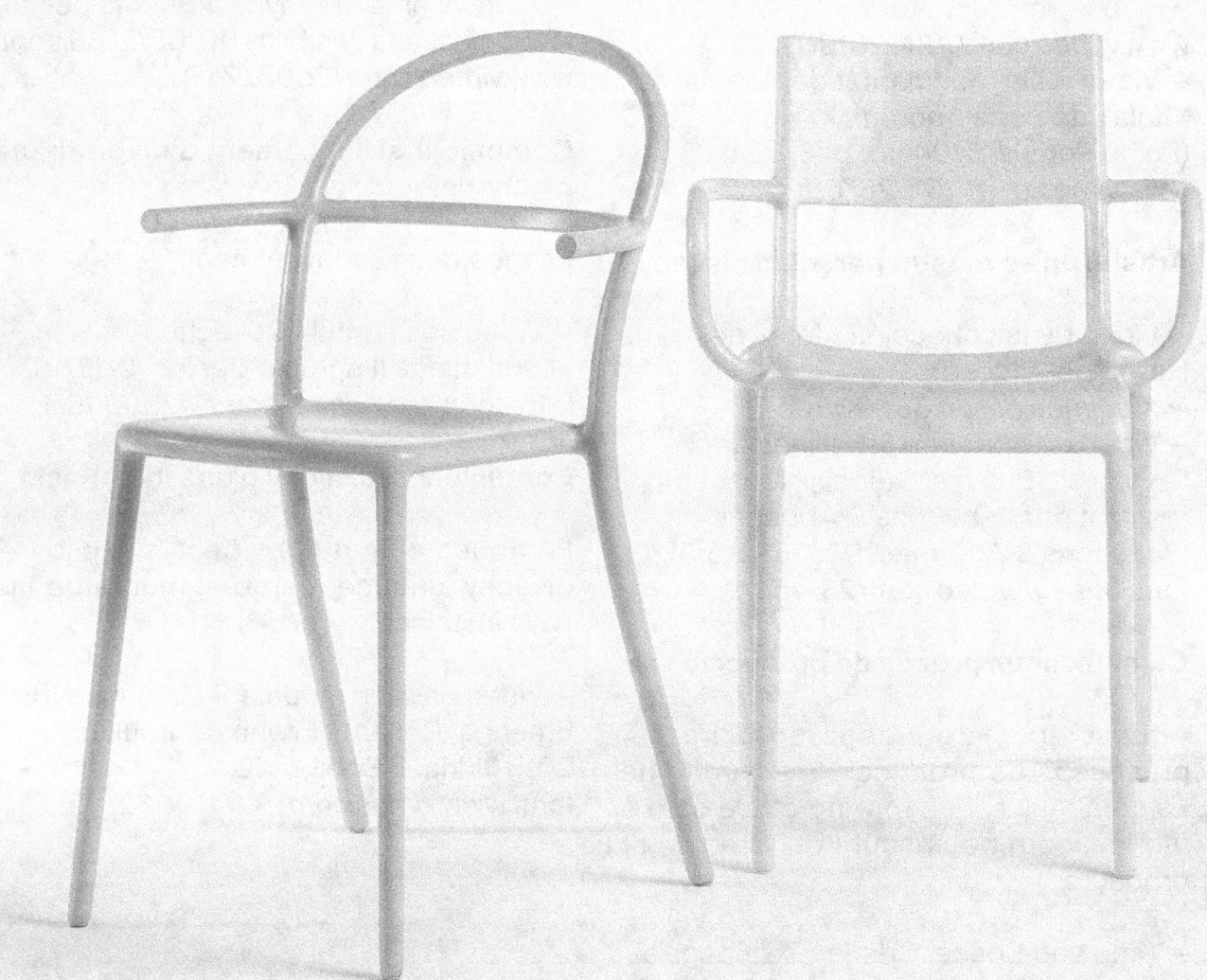

PLA DE COMUNICACIÓ

El pla de comunicació o de màrqueting és el pla que normalment realitza un director de màrqueting dins d'una empresa o amb una agència exterior per tal de promocionar un producte o servei. Les empreses de mobiliari de disseny no solen fer publicitat als canals tradicionals com són la televisió o la ràdio. Els dissenyadors de vegades assessoren en la definició de com es presentará el producte, això implica definir què, a on i de quina manera.

Normalment una marca sol promocionar tot el seu catàleg de productes però si el producte o el moble requereix d'un canal especial s'haurà de trobar l'audiència per a aquest. La posició de la marca de mobiliari per la qual estem treballant coneix el seu públic objectiu. Si decidim crear una marca, necessitarem un pla de comunicació.

La comunicació, perquè sigui persuasiva, ha de ser contínua i constant, per això es necessita un pla de comunicació en la qual s'estableix:

— El públic objectiu
— Les accions
— Els canals de comunicació
— El temps
— El pressupost

Primer hauríem de tenir clara l'audiència i a qui volem arribar i després pensar en com. També hem de reflexionar sobre quin és és el públic objectiu de la nostra marca i com podem comunicar el producte al nostre públic objectiu.

Normalment la major part dels productes de mobiliari es comunica en espais professionals com són els esdeveniments. Els esdeveniments que més es prefereixen són les fires. Tot i així de vegades són tan cares que s'han de construir esdeveniments alternatius o realitzar presentacions fora de la fira, en la mateixa ciutat (pàg. 35).

L'esdeveniment és l'excusa per tal de fer-ne la presentació. Aquesta presentació del producte genera una notícia que dóna continguts per tal de fer difusió en els mitjans de comunicació, revistes especialitzades (pàg. 92) i publicacions en línia (pàg. 93).

Tot i així hi ha moltes formes de realitzar la comunicació del producte. El dissenyador pot assessorar i preparar el material per presentar-lo a un concurs (pàg. 30).

També es pot plantejar la proposta de realitzar una presentació en un punt de venda (pàg. 22).

Tot i que la marca no vol comunicar preferència en botigues, el dissenyador sí que pot realitzar alguna presentació del producte en una botiga o en un espai comercial, cultural o social. Són cada vegada més les marques que fan col·laboracions amb restaurants, hotels o espais concrets on es pugui donar a conèixer el seu producte i crear la notícia.

3.11. Presentar

Actualment hi ha altres maneres de presentar un producte a través d'esdeveniments, de fires, a través d'un butlletí *newsletter*, a través d'un article en una revista de referència o través d'una publicació en una xarxa social. La comunicació pot realitzar-se o preparar-se amb una campanya que utilitzi diferents canals: una exposició, una presentació, una pàgina web, un butlletí o un vídeo.

Fira de mobiliari

Les fires han sigut els llocs tradicionals de presentació, existeixen fires de disseny a les principals ciutats del món (Xangai, Moscou, Las Vegas, Nova York, Milà, Colònia, Estocolm, París...). Això fa que cada marca hagi d'invertir segons el seu posicionament en aquestes ciutats. (pàg. 35).

També han aparegut moltes biennals de disseny, que són espais on el disseny es promociona des d'una perspectiva cultural, però a l'hora d'intentar fer negoci, Milà segueix essent la fira més comercial.

A Espanya són conegudes les setmanes del disseny de Barcelona, València, Madrid, Bilbao i Saragossa.

Exposició

Una exposició pública del producte pot realitzar-se a la mateixa ciutat mentre dura la fira, buscant espais alternatius o aparadors.
Per exemple, Emiliana, a través de l'ICEX, durant els anys 2007 i 2008 va realitzar l'exposició «Spain Playtime», el tema era el joc i les peces es presentaven en un terreny de joc. Es va presentar a Zona Tortona com com una exposició de Fuorisalone durant la Fira de Milà. L'exposició anava acompanyada d'un un catàleg que eren unes fitxes dels diferents productes espanyols.

Pop up Store

Les exposicions són temporals i no solen permetre la venda, últimament s'han posat de moda les exposicions amb venda, anomenades *pop-up stores*. Són nombroses les marques que han utilitzat aquest sistema com a campanya de comunicació o per acostar els productes a la gent sense tenir el cost de manteniment d'una botiga, com per exemple:

— Ikea. Per celebrar el vintè aniversari va obrir unes botigues a Barcelona i a Madrid. Del 21 al 29 d'octubre de 2016 al Born.

Catàleg

Qualsevol fabricant, editor o comerciant sap que necessita un nou catàleg cada any que contingui la majoria de referències dels productes. Si la marca té diferents línies de producte de vegades hi ha catàlegs per a cadascuna d'elles.

Un catàleg pot estar imprès en diferents formats. Els formats més petits són més fàcils de portar a una fira que els formats gruixuts. Aquests, en canvi, asseguren el cos i la presència dels prescriptors a les llibreries de les botigues.

També pot realitzar-se un catàleg en línia, o un PDF, però les mateixes pàgines web, si estan correctament referenciades, ja poden actuar com a catàleg.

Flier

Una postal, un A6, un díptic, un tríptic o una targeta recordatori és suficient per poder distribuir a les nostres botigues i ajudar que es recordi el producte no només a la ment dels consumidors, sinó també en el paper que aquests exerceixen.

Press Kit

Tradicionalment s'anomena nota de premsa. Sol ser un resum de totes les informacions de novetats en productes i col·leccions de la marca amb les imatges perquè els periodistes puguin escriure notícies i crear força trànsit a la pàgina web.
Tradicionalment eren dues fulles grapades, que podien enviar-se per correu en PDF, actualment són veritables *kits* que inclouen USBs, bosses, pòsters i fins i tot regals.

Publicació

L'aparició en mitjans del producte és important, sobretot, en publicacions, perquè si no aconseguim generar una notícia, haurem de pagar pàgines de publicitat i anuncis. O haurem de generar pàgines especials o, fins i tot, fanzins especials que s'adjuntin a la publicació. *L'especial «Oficio y criterio»*, és un publireportatge de Red Members dins de la revista *Apartamento Magazine*. Mitjançant una petita publicació impresa amb un mida més petita es presenta una col·lecció de novetats a través de les marques, fabricants espanyols que pertanyen a la xarxa (*www.issuu.com/communicology.es/docs/redmembersapartamento*).

Pàgina Web

Una presentació pot transformar-se en una exposició en línia quan es refereix a informació ubicada en una pàgina web.
Per exemple, Kvadrat va organitzar una exposició temporal durant la setmana del moble 2012, però que actualment és permanent gràcies a la pàgina web (*www.hallingdal65.kvadrat.dk/*). Moltes col·leccions utilitzen les plataformes com Issuu per tal de mantenir els catàlegs o informacions en línia.

Newsletter

Per tal de comunicar podem utilitzar una *newsletter*, per això és imprescindible que l'usuari s'hi hagi inscrit a través de la nostra pàgina web o ens hagi donat el seu correu en alguna fira.
La *newsletter* pot incloure arxius que s'obren a la pàgina web pròpia donant trànsit web.

És ell cas del germans Bouroullec que utilitzen la seva *newsletter* per a la difusió amb imatges inèdites i representatives del projecte. Per exemple, en el cas de la col·lecció per Hay (*www.bouroullec.com/upload/facsimile/erb_2015_hay_palissade_collection.pdf*).

Instagram

Cada vegada també són més els projectes que utilitzen l'Instagram per presentar-se. Solen establir col·laboracions amb perfils d'usuaris que tenen molts seguidors o generen un perfil pel producte com si fos una personalització del mobiliari.

Plataforma de Micromecenatge

Els projectes que no estan fabricats poden utilitzar pàgines com Kickstarter, Verkami i d'altres per tal de finançar el seu projecte. És el cas dels alumnes de la London Metropolitan University que utilitzen Kickstarter per presentar els seus projectes de graduació realitzats a l'escola i utilitzen un vídeo de presentació de dos minuts explicant la proposta.
Per exemple, Hookedis de Nicholas Marschner. (*https://www.kickstarter.com/projects/1798833730/hooked-0*)

4. Bibliografia

Citació segons APA.

— **Lorenz, M.** (1900). Clasici moderni. I mobili che fanno storia.

— **Stamberg, P.S.** (1976). Instant Furniture: Low-cost, Well Designed, Easy-to-assemble Tables, Chairs, Couches, Beds, Desks and Storage Systems. Van Nostrand Reinhold.

— **Habermas, J.** (1981). Theory of communicative action.

— **Ricart, A.** (1982). Diseño ¿por qué? Barcelona: GG col·lecció Punto y línea.

— **VVAA** (1982). Diseño-Di$eño: una realidad social y una necesidad de la empresa, Madrid: Ministerio de Industria y Energía, Prodiseño.

— **Wills,G.; Baroni,D et al.** (1985). El mueble: historia, diseño, tipos y estilos. Grijalbo.

— **Sembach, Leuthäuser, Gössel** (1991). Le design du mueble au XXe siècle.

— **Bonsieppe, G.** (1994). Teoria i practica del diseño industrial. Barcelona: GG.

— **Bennet Oates, P.** (1995). Historia dibujada del mueble occidental. Celeste Edicions

— **Mainar, J.** (1999). Diccionari dels oficis del moble i de l'interiorisme amb vocabulari. Barcelona: Generalitat de Catalunya.

— **ADCV** (2000). El Valor del Diseño Gráfico e Industrial.

— **Ormezzano Y.** (2000). Le guide de la voix. Editions Odile Jacob. París.

— **Actar** (2002). The official point of view. Milano Furniture Fair 2003, 2002, Enorme Film Arts. Barcelona: Actar.

— **Lidwell W.; Holden, K.; Butles, J.** (2005). Principios universales del diseño. Blume.

— **Pey, S.** (2007). Glossari del moble Glossari del moble. Barcelona: Edicions de l'Escola Massana.

— **Hudson, J.** (2008). Process 50 product designs from concept to manufacture, Laurence King Publishing, Londres.

— **Morris, R.** (2009). Fundamentos del diseño de productos, Editorial Parramon, Barcelona.

— **Julier, G.** (2010). La cultura del diseño. GG. Barcelona.

— **Ambrose i Harris** (2010). Metodología del diseño, Parramón, Barcelona.

— **Stuart, C.** (2011). DIY Furniture: A Step-by-Step Guide. Lawrence King.

— **Ferran, G.** (2012). Sentido. Tarragona: Editorial Bombolla.

— **Ulrich, K. T. i Eppinger, S. D.** (2013). Diseño y desarrollo de productos. Mc GrawHill.

— **Milton, A. i Rodgers, P.** (2013). Métodos de investigación para el diseño de producto, Editorial Blume: Barcelona.

— **Lawson, S.** (2013). Diseño de mueble. Blume.

— **Viaplana, A.**(2016). Proyecto docente, GG.

— **Design Museum** (2016). Como diseñar una silla. Colección Design Museum. GG.

— **Jungerious, H.** (2016). I don't have a favourite colour. Creating The Vitra Colour & Material Library. Gestalten.

5. Webgrafia

— **Baró, T.** (2011). Parlar i convèncer. www.teresabaro.com/

— **Ferran G.** (2018). Articles de Disseny. www.medium.com/@guillemferran

Filmografia

— **Especial Tve Catalunya** (2017). Miguel Milà (28') (www.rtve.es/alacarta/videos.../).

— **Poldo** (2017). Miguel Milá. Industrial and interior designer, inventeur and bricoleur. Santa&cole. (50') (www.vimeo.com/212896804).

— **Molteni, F.** (2017). SuperDesign (a cura di Maria Cristina Didero, Francesca Molteni) Itàlia (62').

— **Leftloft** (2017). Design is a Verb. Itàlia. (60').

— **La Chula Productions, TVE, el Ministerio de Economía y Competitividad, y BCD** (2016). Función y forma. Una mirada al diseño y la innovación en España. (1:04') (www.rtve.es/alacarta/videos/programa...).

— **Romanelli, E.** (2015). Tobia Scarpa L'anima segreta delle cose. (30') Itàlia.

— **Bozzer, A.** (2013). Perché un film su Michele De Lucchi. Itàlia, (65').

— **Tsai, M-M.** (2012). Design & Thinking.(1.14') (www.designthinkingmovie.com/).

— **Rose, A.** (2008). Beautiful Losers (1.30') (www.youtube.com/watch?v=2zb6CYBRfAM).

— **ConnectEd.** Day in the Life: Furniture Designer/Maker. (3') (www.vimeo.com/88824488).

— **Tsai, M-M.** (2014). Maker the moviment (www.makerthemovie.com/).

Ponències

— **Demetrios, E.** (2007). The design genius of Charles and Ray Eames. Ted Talks. (www.ted.com/talks/the_design_genius_of_charles_and_ray_eames)

— **Starck, P.** (2007). Design and destiny (www.ted.com/talks/philippe_starck_thinks_deep_on_design)

— **Antonelli, P.** (2007). Treat design as art. (www.ted.com/talks/paola_antonelli_treats_design_as_art

— **Heatherwick, T.** (2011). Building the Seed Cathedral. Ted Talks. (www.ted.com/talks/thomas_heatherwick).

— **Rams, D.** (2016). Interview about furniture design. Vitra Design Museum. (www.youtube.com/watch?v=KNC8PIWPkas)

— **Engman, M.** (2016). Democratic Design. (www.youtube.com/watch?v=P8tyiX-H9OE)

— **Ferrer, R.** (2017). Máster en Diseño de Mobiliario de Elisava

— **Cruz, Y.** (2018). Yoel Cruz Design (www.youtube.com/watch?v=jlHw3PkVFfE)

— **IKEA Today** (2018). (www.youtube.com/watch?v=WdztTTJ61wl)

6. Revistes especialitzades

Abbitare (Itàlia)	núm. 597, 1961	www.abitare.it/en/
Apartamento (Espanya)	núm. 25, 2008	www.apartamentomagazine.com/
Axis (Japó)	núm. 207, 1981	www.axisinc.co.jp/
Brutus (Japó)	núm. 245, 2000	www.casabrutus.com/design
Domus (Itàlia)	núm. 1043, 1928	www.domusweb.it/
Disegno (Regne Unit)	núm. 27, 2011	www.disegnodaily.com/
Dirty Furniture (Regne Unit)	núm. 4, 2014	www.dirty-furniture.com/
Diseño interior (Espanya)	núm. 331, 1991	www.revistadisenointerior.es/
Etapes (França)	núm. 233, 1994	www.etapes.com/
Experimenta (Spain)	núm. 85, 1988	www.experimenta.es/
Form (Suècia)	4/20, 1905	www.formmagazine.com/en/
Frame (Holanda)	núm. 136, 1997	www.frameweb.com/
Interni (Itàlia)	núm. 9/20, 1954	www.internimagazine.com
Intramuros (França)	núm. 204, 1985	www.intramuros.fr/
Inventario (Espanya)	núm. 14, 2014	www.inventario-bookzine.com/
Mac Guffin (Holanda)	núm. 8, 2015	www.macguffinmagazine.com/
Modern Design (Suïssa)	núm. 3, 2014	www.moderndesignreview.com/
Monocle (Regne Unit)	núm. 136, 2007	www.monocle.com/
Neo2 (Espanya)	núm. 169, 1994	www.neo2.es/magazine/
On Diseño (Espanya)	núm. 397, 1998	www.ondiseno.com/
Open House (Espanya)	núm. 13, 2014	www.openhouse-magazine.com/
Ottagono (Itàlia)	1966	www.ottagono.com/
Proyecto contract (Espanya)	núm. 160	www.casualmagazines.com/web/
Space magazine (Dinamarca)	núm. 7, 2014	www.space-magazine.com/
Wallpaper (Regne Unit)	núm. 288, 1996	www.wallpaper.com/

El núm. d'edició està actualitzat amb data de setembre de 2020.

6.2. Publicacions en línia

Another magazine	www.anothermag.com/loves
Arcademi	www.arcademi.com/
Archiexpo	www.archiexpo.com/
Architonic	www.architonic.com/
CoolHunting	www.coolhunting.com/
Core 77	www.core77.com/
Del tirador a la ciudad	www.blogs.elpais.com/del-tirador-a-la-ciudad/
Dezeen	www.dezeen.com/
Design Addict	www.designaddict.com/
DesignBoom	www.designboom.com/
DesignMilk	www.design-milk.com/
Designspotter	www.designspotter.com/
DesignEast	www.designeast.eu/
Diariodesign	www.diariodesign.com/
Dximagazine	www.dximagazine.com/
Eye	www.eyemagazine.com/
Gràffica	www.graffica.info/
How	www.howdesign.com/
Houzz	www.houzz.es/ideabooks
Icon	www.iconeye.com/
Many Stuff	www.manystuff.org/
Mocoloco	www.mocoloco.com
Mood	www.haw-lin.com/
Neo2	www.neo2.es/blog/category/housing
Print	www.printmag.com/
Sight un seen	www.sightunseen.com/
Stylepark	www.stylepark.com/
Thecoolhunter	www.thecoolhunter.net/
ThemethodCase	www.themethodcase.com/
This is colossal	www.thisiscolossal.com/
This is paper	www.thisispaper.com/
TreeHugger	www.treehugger.com/
The shape of a journey	www.theshapeofthejourney.com/
Yanko Design	www.yankodesign.com/

6.3. Altres publicacions

Revistes a aplicacions

Segons APA, les aplicacions es citen de la manera següent:
— Autor, A. A. (Any). Títol (versió) [Aplicació mòbil]. Plataforma descàrrega. http://xxxx

— **Architonic App** de Architonic AG.
Itunes : https://itunes.apple.com/es/app/architonic-app/id422586225?mt=8

— **Architonic AG** Top 5000 Design Chairs
https://itunes.apple.com/es/app/top-5000-design-chairs/id542693113?mt=8

— **Design in/from Spain (ICEX)**
(http://www.interiorsfromspain.com/interiors/en/global-navigation/news-and-trends/new-detail/NEW2016667171_EN_US.html)

— **Diseño Interior** de Magzter Inc.

— **Guía AD 2015** de Condé Nast Digital España (*www.revistaad.es/*)
Itunes: https://itunes.apple.com/es/app/guia-ad-2015/id616603777?mt=8

— **Tarifas (2000-2011)** y contratos de diseño. descarregat des de: www.ceslava.com/blog/tarifas-2000-2011-y-contratos-de-diseo/

Articles i informes

— **Tharp, B.M. i S.M.** (2009) The 4 Fields of Industrial Design. 5 Gener 09 Disponible a: www.core77.com

— **Ferran, G.** (2017). Eduación Superior Universitaria en diseño de producto en Cataluña. Revista Grafica. Novembre 2017.

— **Empresa i Ocupació** (2013). Informe anual sobre la indústria a Catalunya. Generalitat de Catalunya. Juny 2014.

— **Empresa i Ocupació** (2014). Informe anual sobre la indústria a Catalunya. Generalitat de Catalunya. juny 2015.

— **Empresa i Ocupació** (2015). Informe anual sobre la indústria a Catalunya. Generalitat de Catalunya. juny 2016.

Catàlegs de fabricants

Hay, Artek, Knoll (issuu.com/ivorinnes)
Mattiazzi (mattiazzi.eu/uploads/)
Kartell (issuu.com/museousa/docs/)
Habitat (issuu.com/cloudcenter/docs/)
Vitra (issuu.com/vitrahome/docs/)
Ligne Roset (issuu.com/projectscontemporary)

Manuals d'instruccions:

— **Ikea.** assembly Instructions: Descarregables des de:
https://www.ikea.com/es/es/customer-service/product-support/assembly-guides/

— **Hay.** Instructions manual. Table: CPH30
https://hay.presscloud.com/digitalshowroom/

— **Habitat.** Assembly Instruction. Table DRIO-1W-SS15-A
http://cdn.habitat.co.uk/media/catalog/product/assembly/305813_Assembly.pdf

7. Glossari

Abiaixar. Fer oblic el cantell o l'extrem d'una peça de fusta.

Acant. Ornament de l'arquitectura clàssica que imita o estilitza una fulla d'acant.

Acimar. Amuntegar encenalls de fusta per endreçar l'obrador.

Acordador. Plantilla formada amb diversos arcs de curvatura pels delineants per traçar corbes amb eixos diversos.

Acutangle. Aplicat a una figura d'angles aguts.

Afaiçonar. Obrar, donar una forma determinada a una matèria o a uns elements segons una idea o un pla preconcebut.

Afermar. Fixar, fer ferm, donar fermesa.

Afixar. Enganxar o clavar un paper al tauler per fer un dibuix.

Afuar. Aprimar d'un cap diverses cares de fusta.

Agençar. Disposar, compondre un conjunt d'elements de mobiliari per donar un aspecte intencionalment estètic.

Aiguacuit. Cola formada a base de retalls de pells i ossos animals per encolar la fusta.

Aixa. Eina per desbastar la fusta, comprèn una planxa corbada de ferro que per un cap està unida al mànec de fusta.

Albeca. Part del tronc que hi ha sota la crosta i el càmbium i no forma part del duramen.

Àlber. Arbre de ribera, fusta de bona coloració i textura regular, donat també a la fusta de bedoll.

Alçat. Projecció vertical d'un moble.

Alcova. Cambra, sala abans del dormitori, la divisió de les quals sol consistir en una vidriera.

Alt relleu. Composició en què el tema sobresurt en proporció més que la mitjana de la realitat que representa.

Amanidor. Peça contigua a la cuina, lloc on es preparen i arreglen les viandes.

Andròmina. Dit dels estris, mobles inservibles en un local.

Anilina. Alcaloide artificial emprat en la preparació de colorants per tenyir la fusta.

Ànima. Element central en un contraplacat, el qual pot consistir en un nombre de fulloles que l'integren.

Antenola. Pal rodó el diàmetre del qual oscil·la entre els 19 i els 15 centímetres.

Antosta. Escudeller, lleixa, prestatge, vasar, sostremort per a mals endreços.

Apamar. Amidar a pams.

Apariar. Posar les coses en ordre i bona disposició, ajuntar cargols en les peces de marqueteria.

Aplacar. Acció d'adossar una fullola, encolant-la a una peça o plafó de fusta.

Arca. Caixa gran amb tapa plana, pany i clau per guardar objectes diversos.

Armari. Moble amb portes i a l'interior prestatges, calaixos, penjadors. N'hi ha de diversos tipus i nomenclatura: armari mirall, armari de tres cossos, armari raconer, etc.

Arquibanc. Banc amb caixons les tapes dels quals serveixen de seient. També caixabanc.

Aturador. Peça petita de fusta col·locada per aturar portes o calaixos.

Balancí. Cadira de petges en la qual van capçats i s'entronquen a baix amb dues barres arquejades, aptes per gronxar-se.

Banc. Taula de treball, de fusters o ebenistes, suportada per quatre petges, els dos posteriors en tornapuntes. Al front, a l'esquerra, hi figura un cargol de prémer. A la part de baix hi ha una fonadura per deixar-hi les eines, i al extrem dos tascons sobreeixint que formen l'escarabat, topall que fa de retenidor per obrar o polir la fusta.

Bancada. Les peces laterals del llit, collades a l'extrem, al capçal i al peu que suporten el somier.

Baldaquí. Sostre voladís o sostingut per columnes, que cobreix una imatge, una cadira de ceremònia o un altar.

Banquet. Banc de seure, petit, individual, que fan servir els tapissers.

Banqueta. Banc estret per a una o dues persones, entapissat generalment, emprat en les sales d'espera. Pot anomenar-se *un grao al llarg d'un mur*.

Bany de noguera. Tint vegetal que s'obté amb la cocció de la closca de nou, serveix per donar color de noguera a una fusta blanca qualsevol.

Bar. Petit buc isolat o encabit en un moble més gran per guardar ampolles de licor, copes i altres estris.

Barró. Barra petita i cilíndrica de fusta que s'utilitza en capçals i peus de llit o en respatllers de cadiram.

Bastiment. Marc de fusta o ferro colat a l'obra per enquadrar una porta, vidriera o plafó.

Betum de judea. Asfalt natural, originari de la vall de Jordà, emprat en els segles XVIII i XIX per donar a la fusta bells matisos i veladures.

Biaix. Obliqüitat en què està tallada una peça.

Biga. Peça prismàtica que serveix per a suportar les càrregues, ús de sostres o en coberts, per les seves mides de llarg, viga de vint-i-quatre pams, la seva escaira és variable de 285 x 266 mm a 170 x 150 mm.

Billar. Taula rectangular proveïda de bandes elàstiques i recoberta de feltre verd per a la pràctica del joc homònim amb boles impulsades per pals.

Braser. Recipient metàl·lic generalment circular per posar-hi brases enceses o carbonet a fi d'escalfar l'ambient.

Bressol. Llit d'infant, al qual es pot donar moviment oscil·lant per gronxar-lo.

Bucrani. Escultura que representa el cap d'un bou adornat amb garlandes, emprat en els frisos de aquirtectura grega i romana.

Bufet. Moble on es desa el parament de taula del menjador: vaixella, estovalles, coberts... També s'anomena així a la taula de menges en una festa, antigamanent també era taula amb calaixos per escriure.

Butaca. Seient encoixinat i confortable.

Cadafal. Replà elevat constituït per taulons per tal que es pugui veure a distància per fer conferències.

Cadira. Seient individual amb respatller, segons la conformació, pot ser plegadissa, de braços i altres, i es construeix amb materials com boga, reixeta, encoixinada amb motlles, amb blocs de poliuretà. Segons la decantació del pla, de capteniment o de repòs, la cadira de braços té més amplària perquè s'hi recolzin els barrots que formen els braços que s'emmetxen al respatller.

Caixa. Caixa d'eines o caixó de fusta que conté estris usuals per a l'operari, la d'ebanista sol ser de 65 x 40 x 35 cm.

Calaixera. Moble que té el sobrat a un metre d'alçària i que conté quatre o cinc calaixos superposats.

Cana. Mesura antiga de longitud de teles que fa vuit pams, equivalent a 1,555 mm però que varia segons la localització.

Canapè. Seient amb respatller encoixinat i amb braços on poden seure dues o més persones, que es distingeix pel seu esquelet de fusta vista.

Canterano. Calaixera catalana amb alçada de 75 cm amb una tapa inclinada a tall de pupitre.

Capçalera. Post per sostenir els coixins o bé l'ornament col·locat al capçal del llit.

Capitonar. Cadira que porta buata entremig de dues teles en un seient, vànova o mur cosida amb punts a distancies simètriques.

Catifa. Teixit de llana que hom posa al terra d'una habitació per a confort i ornament.

Cavallet. Armadura constituïda per un travesser i quatre petges divergents.

Cofre. Mena d'arca o bagul, amb el seu pany i clau, generalment de fusta obrada, pintada o folrada de cuir o de planxa de ferro.

Confident. Moble d'origen francès per fer seure a dues persones de costat però confrontades.

Consola. Taula de parament adossada a la paret a sota d'un mirall, damunt d'aquesta s'hi col·locaven gerros, imatges o rellotges.

Cornucòpia. Mirall emmarcat de fusta de tall daurada, que duia un o més braços amb espelmes, que reflectint-s'hi difonien.

Cos. Buc, una de les parts que integren un moble com un armari, de tres cossos.

Divan. Altrament dit *Otomana*, seient llarg i entapissat com un sofà sense braços ni respatller.

Escambell. Seient petit sense respatller ni braços, estil tamborí.

Escó. Banc d'alt respatller en tota la seva llargada.

Escriny. Cofret, estoig o armariet per guardar joies.

Escriptori. Taula amb calaixos per guardar-hi papers i documents, en el qual la part superior sol haver-hi un escambell amb compartiments.

Espona. Costat, vora, marge del llit, un banc d'espona és un banc que es col·loca a la vora del llit.

Estora. Peça feta de llates trenades d'espart o jute destinada a cobrir el paviment de les habitacions.

Faldistori. Seient de l'edat reial sense respatller amb pletges plegadisses.

Faristol. Moble o bastidor de pla inclinat on es col·loca el llibre obert per llegir-lo amb comoditat.

Hivernacle. Pavelló, lloc cobert per preservar les plantes de l'acció del fred.

Jaç. Llit o element disposat per jeure-hi i dormir.

Lavabo. Moble amb recipient d'aigua per rentar-se.

Matalàs. Saca rectangular de tela, cosida per tots els costats, l'interior de la qual és emplenada de llana, crin i que estessa al llit serveix de jaç.

Menjador. Referit al mobiliari, les diverses peces que formen el conjunt de moblatge per a la sala de menjar: taules, cadires, bufet, entre d'altres.

Moqueta. Teixit de felpa de llana, tramat de cànem per a l'encatifat de terres.

Musiquer. Moble especial per contenir i guardar llibres i partitures de música.

Necesser. Estoig o capsa on van estris usuals per a la higiene personal.

Otomana. Seient llarg encoixinat, com un canapè sense respatller, d'origen turc.

Pam. Mesura de longitud anterior al del sistema mètric decimal que equival a 195 mm, i s'ha mantingut en el llit de sis pams.

8. Figures i imatges

Pàgina

Portada. Il·lustració de Tiago Majuelos, apareixen mobles i productes de disseny.

27. Galleria Rossana Orlandi a Basel 2009. Fotografia: Guillem Ferran.
38. Il·lustració de Guillem Ferran.
41. Exposició nº 48 "Tabourets" Galeria Kreo a Paris (Via: www.dev.galeriekreo.com/en/exposition/48-tabourets?lang=en).
46. Marcel wanders studio. Mad Collection. Poliform. (Via: www.marcelwanders.com/work/mad-collection).
48. Winter Arrives. Out of Stock.
(Via: www.outofstockdesign.com/winter-arrives/)
49. Nendo. 2016. 50 manga chairs. Galeria Friedman Benda.
49. Pallissades collection. Bouroullec. Hay. 2016
(Via: www.bouroullec.com/?p=212).
50. Stephen Burks. Dala. Dedon.
(Via: www.dedon.de/en/Product-Finder/furniture/dala)
50. Lofoten. Nichetto Studio. 2016.
(Via:www.nichettostudio.com/projects/lofoten/)
51. Konstantin Grcic. Diana Side tables. Classicon. 2002
51. Studio Job. Industry Collection. Seletti.
(Via: www.seletti.it/pressarea/)
52. BD Barcelona. FreePort. Martí Guixé
(Via: www.bdbarcelona.com/en/product/73/).
53. Alias. Eugeni Quitllet. Tabú
(Via: www.alias.design/worlds/57/tabu/).
53. Alias. Nendo. Okomém
(Via: www.alias.design/fr/worlds/66/okome/).
53. Oscar Zieta. 3plus (Via: www.zieta.pl/catalogs/).
54. Lievore Altherr Molina. Viccarbe. Sistema. 2017 (via: http://www.viccarbe.com/model/sistema/).
55. Dieter Rams. 606 "Universal Shelving System" i 620. Vitsoe (Via: www.vitsoe.com/eu/620).
57. Lungo Mare (Via: www.escofet.com/).

65. Esquema de projecte 2017. Il·lustració: Guillem Ferran.
67. Michael Young. Established and sons. 2005.
67. Martino Gamper. Arnold Circus Stool
(Via: www.martinogamper.com/)
67. Benjamin Graindorge. SofaScape. Galeria Ymer&Malta. 2012.
72. Esquema de processos 2016. Il·lustració: Guillem Ferran.
73. Papila Project. 2016. Bustper
(VIA:www.designboom.com/design/bustper-minibar-papila-07-08-2016/)
73. Jaime Hayon i Nienke Klunder. American Chateau-Room.
74. Max Lamb. Woodware Sketch collection Galeria Fumy. (Via:www.galleryfumi.com)
74. Benjamin Graindorge. 2012. Kvadrat: Hallingdal 65. (Via: www.hallingdal65.kvadrat.dk/)
76. Yonoh Col·lecció New Lana. Ondarreta contract (Via:https://www.instagram.com/yonohestudio/)
76. Bouroullec. Facet. Ligne Roset. 2005
(via: www.bouroullec.com/?p=111)
77. Tomoko azumi. 2010. Zilio, Italia. (Via:www.zilioaldo.it/)
77. Konstantin Grcic. Chair One models. (Via: www.konstantin-grcic.com/)
77. Intervenció sobre Antz. Guillem Ferran
78. Cadira Sayl. Yves Behar. Herman Miller.
(Via: http://www.ergonomika.es/info-marca/herman-miller/36/sayl)
78. Konstantin Grcic. Myto Chair. Basf.
(Via: www.konstantin-grcic.com/)
79. Bouroullec. Copenhague. 2012
(Via: http://www.bouroullec.com/?p=252)
90. Phillipe Starck. Kartell. Generic.
(Via: www.kartell.com/experience/es/press-room/press-release-section/).

9. Annexos

ORGANIZAR UNA EDITORA

Disseny del moble

- [ ] Seleccionar una tipologia concreta.
- [ ] Anàlisi del mercat (propostes existents).
- [ ] Definir valors afegits pel contrabrífing.
- [ ] Requeriments i requisits del contrabrífing.
- [ ] Cerca d'idees pel projecte de mobiliari.
- [ ] Documentació del procés de disseny.
- [ ] Visualitzar les possibilitats.
- [ ] Seleccionar les idees més oportunes.
- [ ] Desenvolupar la proposta per ordinador.
- [ ] Escanejar, digitalitzar, vectoritzar o modelar.
- [ ] *Renders* per visualitzar les propostes.
- [ ] Realitzar la impressió de vistes en escala 1:1.
- [ ] Comprovar la idoneïtat de les propostes.
- [ ] Seleccionar les propostes d'idees viables.
- [ ] Sol·licitar una maqueta dimensional.
- [ ] Verificar la usabilitat de l'objecte.
- [ ] Verificar proporcions estètiques de l'objecte.
- [ ] Desenvolupar la proposta amb els plànols.
- [ ] Enviar els plànols a possibles proveïdors.
- [ ] Obtenir viabilitat dels plànols/pressuposts.
- [ ] Verificació de la idoneïtat d'acord amb el preu.
- [ ] Realitzar les modificacions oportunes.
- [ ] Sol·licitar el prototip per ensenyar el producte.
- [ ] Preparar el text de presentació del moble.
- [ ] Títol de la peça, dimensions i materials.
- [ ] Escriure una descripció del moble.
- [ ] Establir un PVP pel moble.
- [ ] Proveïdor que el fabricarà (dades).
- [ ] Primera comanda i revisió.
- [ ] Corregir errors de fabricació.

Acció de comunicació

- [ ] Pensar la sessió de fotografies pel prototip.
- [ ] Propostes de tipus de fotografia.
- [ ] Selecció de la direcció d'art de la fotografia.
- [ ] Contactar un fotògraf d'acord al llenguatge.
- [ ] Realitzar la sessió de fotografies.
- [ ] Seleccionar i retocar les fotografies.
- [ ] Preparar el material segons la comunicació.
- [ ] Imatges (formats i mides corresponents).

Coordinació

- [ ] Coordinar les persones.
- [ ] Planificar els temps.
- [ ] Crear un calendari.
- [ ] Crear un organigrama.
- [ ] Crear responsables de cada equip.
- [ ] Organitzar reunions.
- [ ] Confeccionar un diagrama de coordinació.

Identitat corporativa

- [ ] Objectius de l'editoria.
- [ ] Nom de l'editoria.
- [ ] Llistar possibilitats de *naming*.
- [ ] Comprovar l'adequació de les possibilitats.
- [ ] Seleccionar el nom que representi el projecte.
- [ ] Escriure el text que descriu el projecte.
- [ ] About, Design statement.
- [ ] Valors de la identitat (imatges i paraules).
- [ ] Eslògan. Realitzar unes propostes.
- [ ] Selecció de l'eslògan i l'aplicació.
- [ ] Proposta de catàleg pels resultats.
- [ ] Definir format del catàleg pels resultats.

Imatge corporativa

- [ ] Logotip: disseny de propostes pel logotip.
- [ ] Selecció del logo que acompanya al *naming*.
- [ ] Colors que acompanyaran al logotip.
- [ ] Manual de marca corporativa.
- [ ] Disseny de les aplicacions de la marca.
- [ ] Definir quines aplicacions es realitzaran.
- [ ] Preparar els diferents arxius pel manual.
- [ ] Preparar el disseny del catàleg de resultats.
- [ ] Definir les sol·licituds del catàleg.

Comunicació corporativa

- [ ] Identificar canals pel procés de creació.
- [ ] Seleccionar quin canal s'utilitzarà.
- [ ] Identificar com s'exposaran els resultats.
- [ ] Seleccionar el canal d'exposició dels resutats.
- [ ] Crear la difusió dels resultats del projecte.
- [ ] Localitzar xarxes socials per a la difusió.
- [ ] Seleccionar i l'ús de les xarxes socials.
- [ ] Identificar un comportament corporatiu.
- [ ] Seleccionar com es farà l'atenció al client.
- [ ] Construir el formulari de contacte.

Mercat, punt de venda, accions

- [ ] Localitzar l'espai on exposar el projecte.
- [ ] Contactar i agendar l'espai.
- [ ] Localitzar punts de venda on comercialitzar.
- [ ] Pensar una acció per presentar el projecte.
- [ ] Dissenyar una acció per la presentació.
- [ ] Preparar la comunicació de l'acció.
- [ ] Possibles espais on realitzar la comunicació.
- [ ] *Newsletter* per a la difusió del 'esdeveninent.
- [ ] Invitació personal a persones d'influència.

S'han de sotmetre a valoració (per part dels resposables, d'experts o democràticament).

☑ METODOLOGIES D'INVESTIGACIÓ

Motivació del projecte
- ☐ Una necessitat
- ☐ Un problema
- ☐ Un tema o concepte
- ☐ Una idea
- ☐ Una oportunitat
- ☐ Una excusa
- ☐ Una intuïció
- ☐ Un encàrrec
- ☐ Un concurs

TIPUS D'INVESTIGACIÓ
- ☐ *Netnografia*
- ☐ Etnografia
- ☐ Experiments
- ☐ Anàlisi de continguts
- ☐ Grups focals
- ☐ Entrevistes
- ☐ Qüestionaris
- ☐ Investigació secundària
  - ☐ Publicacions en revistes especialitzades
  - ☐ Publicacions científiques de referència
  - ☐ Estudis d'experts en la matèria
  - ☐ Estudis previs del tema

ANÀLISI
- ☐ Anàlisi d'un àmbit
- ☐ Anàlisi de mercat
- ☐ Anàlisi dels líders del sector
- ☐ Anàlisi de tendències
- ☐ Anàlisi d'una organització
- ☐ Anàlisi del model de negoci
- ☐ Anàlisi de *Skateholders*
- ☐ Anàlisi d'un catàleg/diversos catàlegs
- ☐ Anàlisi d'un producte
- ☐ Anàlisi/dimensionament de tecnolgies
- ☐ Anàlisi d'usuari, de persones
- ☐ Anàlisi d'una marca
- ☐ Anàlisi d'una identitat corporativa
- ☐ Anàlisi d'una unitat de producció
- ☐ Anàlisi de possibilitats de materials
- ☐ Anàlisi d'una localització
- ☐ Anàlisi de sistemes de comercialització
- ☐ Anàlisi de punts de venda
- ☐ Anàlisi tipològic
- ☐ Anàlisi de productes precedents
- ☐ Anàlisi d'escenaris de futur
- ☐ Anàlisi del valor afegit
- ☐ Anàlisi ergonòmic de l'objecte
- ☐ Anàlisi del disseny de la interfície

Visualització de la investigació
- ☐ Històric/cronològic
- ☐ Panell d'imatges
- ☐ *Collage* de productes per conceptes
- ☐ Escenaris: llocs on actua l'objecte
- ☐ Representació de conceptes
- ☐ Núvol de paraules
- ☐ Esquemes i mapes mentals
- ☐ Històries/anècdotes
- ☐ Llista de valors
- ☐ Mapa semiòtic de posicionament
- ☐ Mapa del viatge d'usuari
- ☐ Foto-diaris, seguiment d'usuaris
- ☐ Mapa de *core tasks*
- ☐ Mapa d'empatia
- ☐ Mapa d'opinions
- ☐ Taula de *benchmarquing*
- ☐ Matriu receptora d'informació

Ideació del projecte
- ☐ Llista d'idees
- ☐ «*Brainstorming*» en grup
- ☐ Preguntes What if..." I si....
- ☐ Què? Com? Perquè?
- ☐ Per a qui?
- ☐ Brífing

PLA DE TREBALL

Procés de creació d'una Editora

Octubre

- Definició del tema, tipologia, concepte:_____
- Pluja d'idees dels conceptes.
- Pluja d'idees de tipologia.
- Pluja d'idees de col·laboracions.

- Definició de tipologies.
- Definició de tasques.
- Definició d'objectius principals.

- Definició de tipologies per a participants.
- Definició de tasques per a participants.
- Definició de què volem ser/què no volem ser.

- Definició del nom: _____
- Comprovar idees dels productes participants.
- Presentació de resultats d'identitat
- Registre de dominis.

Novembre

- Proposta del logotip per al costat i la discussió.
- Definir una possible acció.
- Definir idees dels productes entre participants.
- Definir canals de comunicació.
- Definir gestió dels canals de comunicació (instagram, pàgina web, catàleg, botiga...).

- Presentar les diferents propostes de disseny.
- Discutir algun aspecte dels dissenys (valor, creativitat, màrqueting, vendes i producció).

- Definir el logotip final, tipografia i colors.
- Definir i resoldre problemes de producció.
- Definir grups de lloc web, catàleg i web d'Instagram.

Desembre

- Presentació d'objectes de disseny, *namings*, dimensions, valors i peces.
- Resoldre problemes tècnics abans de prototipar.

- Decidir aspectes finals de l'acció/comunicació.
- Definir el llenguatge gràfic del web, el catàleg i l'Instagram.

Gener

- Presentació de prototips.
- Calibrar accions de comunicació.

- Fotografia fotogràfica de 8:00 a 12:00 a l'estudi.
- PVPs final i Pla de negoci.

- Consultar resultats.
- Autoavaluació de diferents participants.

Comunicació

- Disseny de la pàgina web.

- Disseny del cartell promocional.

- Disseny d'Instagram.

- Disseny de cataleg

- Treball de continguts amb el material lliurat: esquetxos, il·lustracions, maquetes, renders i altres.

- Finalitats de fotografia, pensar la sessió de fotografies del prototip (attretzzo, models, etc.).

- Propostes de tipus de fotografia.

- Realitzar la sessió de fotografies.

- Seleccionar i retocar les imatges.

- Preparar les imatges segons la comunicació (formats i tamanys corresponents).

- Acció de comunicació

- Pensar en la campanya per l'escola, barri, botigues especialitzades i altres.

- Disseny i producció de l'acció.

- Campanya de difusió de material en línia: butlletí d'Instagram i altres.

Planificar el temps

Descobrir	Definir	Idear	Desenvolupar	Comunicar

semana nº	Octubre/Febrer	Novembre/Març
1		5
2		6
3		7
4		8
	Desembre/Abril	**Gener/Maig**
9		13
10		14
11		15
12		16

CONTRACTES DE DRETS D'AUTOR O *ROYALTIES*

Barcelona (lloc),
17 de setembre de 2018 (data)

REUNITS

D'una banda, ___ (nom), resident al c/___ amb NIF___, en representació de ___ (nom empresa), residència al c/ ___ i CIF ___. D'ara endavant, el DISSENYADOR.

De l'altra, ___ (nom), resident a c/___ amb NIF___, en representació de ___ (nom empresa), residència al c/ ___ i CIF ___. D'ara endavant, el FABRICANT.

EXPOSEN

___ (nom) FABRICANT és una empresa dedicada a la producció, promoció, distribució i venda de productes de mobiliari.

EL DISSENYADOR ha creat uns dissenys (enumerats en l'annex A) per tal que siguin produïts industrialment i comercialitzats per la companyia ___(nom).

En base a l'exposat, ambdues parts acorden celebrar el present contracte sotmetent-se al compliment i observança de les següents clàusules.

CLÀUSULES

I. EL DISSENYADOR cedeix el/els disseny/s per a la seva producció industrial, comercialització i distribució de forma exclusiva. EL FABRICANT es reserva el dret de decidir dels articles que produirà i comercialitzarà.

II. La cessió i aplicació dels dissenys, productes, especificada a l'annex A, té caràcter d'exclusiva. Aquesta exclusivitat atorgada a favor de EL FABRICANT afecta únicament els models i dissenys especificats per a les aplicacions definides i per a la seva industrialització.

III. EL FABRICANT no podrà fer cap ús d'aquests dissenys, més enllà del descrit en la clàusula anterior, ni ampliar la industrialització a altres sectors de producció sense l'autorització prèvia i escrita de EL DISSENYADOR.

IV. EL FABRICANT es compromet i obliga a representar fidelment els dissenys i aplicacions creats per EL DISSENYADOR, reconeixent el dret d'aquest a supervisar i controlar la qualitat del producte acabat, així com que s'hagi respectat el disseny i model originals.

V. En contraprestació a la cessió establerta en les clàusules anteriors EL DISSENYADOR percebrà del EL FABRICANT: 7 % en comandes normals, 5 % en comandes amb un descompte comercial, 3 % en comandes de distribuïdors els quals ja compten amb un 30 % de descompte en concepte de drets sobre el total preu de venda a l'engròs dels productes dissenyats per EL DISSENYADOR. Aquest pagament s'efecturarà trimestralment a 60 dies, el dia 20 a partir de la data de la factura.

VI. EL FABRICANT es compromet i obliga a remetre a EL DISSENYADOR trimestralment i mentre duri la vigència d'aquest contracte, un extracte de control en el qual figurin per separat i detallats: els productes dissenyats per EL DISSENYADOR amb els quals hi hagi hagut moviment, l'import facturat de cada un d'aquests productes, el preu obtingut i la corresponent liquidació. Aprovada la liquidació EL DISSENYADOR remetrà al FABRICANT la corresponent factura per l'import resultant. Aquesta li serà abonada a 60 dies, el dia 20 del mes corresponent.

VII. Aquest contracte entrarà en vigor per a la seva execució amb la data de la signatura del present llevat que rescindís abans, continuarà en ple vigor i efecte durant un període de tres anys després d'aquesta data i es renovarà automàticament per períodes d'un any més, llevat que alguna de les parts notifiqui a l'altra per escrit la seva intenció de no renovar.

VIII. EL FABRICANT s'obliga a fer constar en tota exposició o imatge de tots els productes dissenyats per EL DISSENYADOR els drets d'autor©. Acabada la vigència d'aquest contracte EL FABRICANT no podrà seguir fent ús de la marca de EL DISSENYADOR.

IX. Una part pot resoldre aquest contracte prèvia notificació fefaent a l'altra si:
a) l'altra part incompleix qualsevol de les obligacions que se li imputen i aquest incompliment no s'esmena en un termini de trenta dies després de l'avís per escrit de l'incompliment; b) l'altra part es declara insolvent o presenta expedient de fallida, suspensió de pagaments o si una petició similar segons les lleis en vigor és presentada per l'altra part.

EL DISSENYADOR

EL FABRICANT

Guillem Ferran

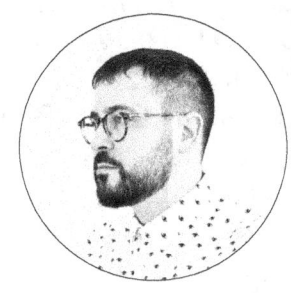

Aquesta publicació ha sigut escrita per Guillem Ferran entre 2016 i 2018, quan impartia l'assignatura optativa de quart, de Mobiliari a l'Escola Llotja. Durant aquest temps va haver d'investigar i aprofundir en coneixements teòrics i documentar informacions relacionades amb la matèria.

Aquesta publicació és el resultat d'aquest esforç de lectura, investigació i traducció d'altres publicacions de referència internacionals en anglès o en espanyol.

Nascut a Tarragona el 1983, va realitzar els seus estudis a Barcelona, on resideix des de 2001. Ha cursat el grau en Enginyeria en Disseny Industrial i Desenvolupament de Productes i el grau en Disseny a Elisava i el màster en Direcció d'Art a Blanquerna. Ha treballat en disseny en diferents empreses: Novell/Puig Design, Estudi Moliné, Emiliana, Decathlon… Va decidir fundar el seu propi estudi el 2007, amb 24 anys, fet pel qual va rebre el premi Disseny Injuve.

Ha realitzat serveis com a dissenyador i direcció d'art per a petites i mitjanes empreses, coneixent el treball en desenvolupament local, realitzat amb disseny i artesania. El seu treball ha sigut exposat en numerosos festivals, museus, i exposicions i, de la mateixa manera, ha sigut publicat, juntament amb imatges de productes, en revistes i llibres com Bravos, Los objetos esenciales del Diseño Español i El diseño industrial en España.

Actualment està centrat en el treball acadèmic, coordina el Departament de Producte a l'Escola Llotja. Compagina l'activitat docent com la de comissari de l'exposició Herois Ocults i realitza tallers per a diferents universitats i escoles.

Relació personal amb el disseny de mobiliari

Des d'un punt de vista personal, sempre ha tingut un especial interès pel món del disseny i especialment pel disseny de mobiliari. Ha assistit i exposat a la Fira del Moble de Milà des de 2004, un cop cada dos anys. A la Fira del Moble de València i a la Fira de l'Habitat i la decoració a Casa Pasarela, a Madrid, fins que va deixar-se de celebrar.

Les primeres aportacions en disseny de mobiliari van ser treballs realitzats al despatx de l'Emili Padrós i Ana Mir desenvolupant projectes de mobiliari, com cadires, penjadors i separadors per a diferents marques espanyoles de referència.

Per al concurs de Bomob es va seleccionar la gandula Exsit, que va realitzar conjuntament amb Bruno Peral. Més tard, realitzar la col·lecció «On la memòria solia seure», per Casa Constante i va col·laborar amb fabricants de fusta i moble com Bellmoble, Danès i Ripoll. A més, també ha col·laborat amb nombrosos artesans i tallers petits.

També va crear l'editora en línia, *Simplerustic* (2009), en la qual es comercialitzaven per Internet unes referències de tamborets i bancades a molt bon preu.

Docència en disseny de mobiliari

Convé destacar la tutorització de treballs finals relacionats amb aquest àmbit i les nombroses propostes que han fet alguns dels alumnes. Aquesta publicació és fruit d'ordenar apunts de l'assignatura de Projectes de mobiliari dels EEES en Disseny de Producte de la Llotja.

En l'assignatura de Projectes 1 es realitza un exercici de baixa complexitat que sol estar relacionat amb l'hàbitat i l'espai domèstic. Aquesta assignatura es realitza amb el Víctor Juan. Durant el curs 2017-18, es va realitzar un mirall per a BD Barcelona. Durant el curs 2018-19, es va proposar la realització d'un divisor d'espais per a Made Design.

L'assignatura de Projectes d'Especialitat en Disseny de Mobiliari es realitza a quart curs.

Durant el curs 2014-15, l'assignatura estava coordinada per Ricard Melet. Davant l'aparició d'una nova legislació que regulava l'activitat a les terrasses de Barcelona, els alumnes van treballar en mobiliari per a terrassa i, sobretot, en una cadira que pugui funcionar en exteriors, sense restriccions per part del client però sí en el problema i la tipologia.

Durant el curs 2015-16, es realitza un tocador 2.0. Els alumnes es van coordinar per realitzar una investigació que ca concloure en una publicació que recull l'evolució del tocador des del segle XVII.

Durant el curs 2016-17, l'assignatura la va coordinar Guillem Ferran. Aquest curs, es van afegir restriccions de client i de l'entorn de fabricació. Es va treballar per realitzar dos projectes. El projecte principal de mobiliari pretenia donar una resposta de catàleg a un fabricant de moble català, Silleria Vergés.

Durant el curs 2017-18, l'assignatura va proposar crear un projecte d'editora entre tota la classe, amb un procés de col·laboració amb el qual es va contruir la marca Bside, que treballava en diferents objectes per al dormitori. Es va afegir la restricció de l'àmbit i les limitacions d'autoproducció per part de cada alumne. Se'n poden veure els resultats a *www.instagram.com/bsidedsgn/*

Durant el curs 2018-19 i 2019-20 es va treballar en la construcció de peces pel Projecte DownloadOpenDesign (*www.downloadopendesign.com/*) realitzat conjuntament amb ESDIR La Rioja i l'Escola d'Art i Disseny de la Universitat Tecnològica de Guangdong. Poden veure's els resultats a *www.instagram.com/opennessllotja/*

L'assignatura estava formada per una altra part que obligava a l'alumne a presentar-se a un concurs de disseny de mobiliari, especulant per entendre com fer una proposta ràpida en l'escenari d'un concurs seleccionat com pot ser Andreu World o Gandia Blasco.